まえがき

私は仏教系の大学を出たわけでもなく、専門の学問を修めた者でもありません。ただ、僧侶として人生を歩んできただけの者です。

そんな私が、なぜ禅語かといえば、そういう機会をいただいたからとしか言いようがありません。御縁と……。

雲水修行の時は、必要にかられ禅語には触れましたが、特にそれを熱心に学んだわけではありませんでした。ただ、禅語とは美しいものだなと。

禅僧の修行が一般で語られることは、あまりありません。そういう伝統が今も生きいます。実体験がなければ、本当の意味での禅語は語れないのではないか。

学問的探求は、学者さんにおまかせします。行者である僧侶の視点の行為に力を入れて書いたつもりです。

私が初めて書いた本が『禅語　ちょっといい話』です。それが平成十九年。三年の歳月が流れました。そしてその間に、さらに三冊の本を出す機会を得ました。しかし、それもこれも禅語の本が源です。私の出版の原点はここにあるのです。

無名の者の出した本ですが、さいわい、新聞の書評にも取り上げていただいたり、神奈川県立高校の必読・推薦図書リストにもあげていただきました。ありがたく、また気恥ずかしい限りです。

自分が雲水修行に入る時、とても心細くて不安だったことを憶えています。先輩経験者に話を聞いたり、本で調べてみたりしました。そしてあれこれ考えているうちに入門当日を迎え、道場へ入りました。

そこで感じたことは、その場所へ身体を持っていく勇気ということでした。中へ入ってしまえば、ともかくやらねばならない。そういう境遇です。その状況に持っていくことがなにより大切なことであると。

禅語の話でもそうです。文章を頼まれ、図々しくも引き受けたのもそのためです。やらざるをえない状況に持っていくこと、そうすれば必ずやります。まして……こんな私にお声をかけて下さったのですから、なまけ者の私は、そうでもしなければ、きっとやらないでしょう。教えることが学ぶことになるのです。

月刊『遠州』の関係者の皆様、芙蓉書房出版の平澤公裕社長には、またまたご助力いただきました。浅学非才の未熟者です。ご叱正いただければ幸いです。

平成二十二年　盂蘭盆会の頃

金嶽　宗信

禅語　心に響くいい話●目次

道を開く

心の正体をつかむ

真の幸福とは

道を開く

任天真《てんしんにまかす》

▼自然に生きる

「良寛さん」。この名前を聞くだけで、心が温かくなります。日本には数多くの名僧、高僧がいます。しかし友達の如く「○○さん」と気やすく呼べるのは「一休さん」「良寛さん」くらいしか想い浮かびません。これは、彼らがいかに深く民衆にとけこみ、愛されたかを表しているということです。

その良寛さんの漢詩の一節が、「天真に任す」です。読み下しと訳文を記します。

生涯身を立つるに懶《ものう》く　騰々《とうとう》天真に任す
嚢中《のうちゅう》三升の米　爐辺《ろべ》には一束の薪《たきぎ》
誰か問わん迷悟の跡　何ぞ知らん名利《みょうり》の塵《ちり》
夜雨草庵の裡《うち》　等脚等間《とうかん》に伸ばす

「私の生涯においては、立身出世など面倒で考えるのもなげかわしい。ただただ、自然の中に身を任せて生きるだけ。袋の中には三升の米と少しばかりの薪さえあればよい。迷いとか悟りとか問われても、私には知ったことではないし、ましてや名誉も利益など興味もない。雨の降る夜、一人小さな庵の中でのんびり足をのばすだけでよい」

新潟県・出雲崎の名主の長男として生まれた良寛は、「名主見習役」になった一月《ひとつき》半後に出家してしまいます。そのスタートからして、権力の中に巻き込まれることを嫌った純心な良寛の資質が見い出せます。

修行を終えた良寛は、故郷の国上山の五合庵で独居を始めます。良寛の民衆教化は、地方からの発信で、宗門本山との関わりとは無縁でした。

「枯談」「清貧」とか簡単にいいますが、これほど厳しい言葉はないと思います。修行中（雲水時代）は、それができても生涯を通じてつらぬく僧はまれです。この詩は、良寛の生きる姿勢をよく表しています。

私は以前に、「禅とは生活を示すことによって伝えるものだ」といいましたが、まさにこの良寛は自分の生活を丸裸にして人に見せました。

村の子供達と手まりをつき、かくれんぼをする姿。貧乏所帯の良寛は、泥棒が来るとなにも与える物が無いと、唯一の寝具を分け与えます。

室内に筍《たけのこ》が生えてくれれば、床をぬき屋根まで穴をあけたといいます。夏になり蚊がくれば蚊帳《かや》（最近は見ませんが、寝具を囲む虫よけの網）から、手を差し出して血をすわせたというのです。もはや全てをつきぬけているというしかいいようがありません。

人間は賢くなり、物を持つようになるとそれを守ろうと執着します。そしていつしか自分のことだけしか考えない人間になってしまいます。

それでも苦楽を知り、人生の機微がわかるようになると自分と他人の利益を共にと考えられるようになります。そしてその幅を広げていく中で、人生の終着点を迎える。早い、遅いはあれ、そこまでの人がほとんどなような気がします。

しかしそれが全ての人ではありません。まったく自分のことを考えず、他人や他の物だけのためにつくす領域にまでいく人がいます。まさにこういう人を聖人というのでしょう。

聖人といわれる人でも、有名、無名な人がいます。なぜなら、聖人にとって名声などに価値が無いからです。有名なことと、人間としてすばらしいこととは別です。懸命に生きていればそこに必ず気づくはずです。お釈迦様はこの能力を「仏性《ぶっしょう》」といいました。誰にも持ち合わした才能です。

昨年、私の寺の信者さんが訪ねて来ました。そして末期ガンでもう死ぬというのです。家族にバタバタさせては申し訳ないからと、葬儀の場所や御戒名のことなどを相談に来たというわけです。

自分の大切な大切な命が無くなるという現実の中、余裕で死にむかおうとしている。静かに淡々と語るその姿に、私は「ああ、仏さんだ」と思いました。本当に穏やかな表情で美しいのです。その姿には、まったく自分がありませんでした。残される周りの家族や友人のこれからの人生を案じているのです。

「生死《しょうじ》を明《あきら》める」明《あきら》かにするというのは、まさにこのことだな、自分を無くすとは、このことなのだな、と改めて感じました。そしてその人は、二週間後に旅立ちました。

人間は、生まれた時に自分のことなどまったく考えていなかったはずです。しかし教育の中で、学問が絶対無比と考えてしまうようです。たしかに生きていく上で、理論武装も必要でしょう。でもそれは、全てに万能なものではないのです。

人の死は理屈で解決できるようなものではありません。リアルに死を感じる経験から、生き直しの人生を達観できるようになるものです。禅僧に死をも恐れる修行をしろというのは、そのためです。

「天真に任す」とは、こういうことを知った人の一句です。

和顔愛語《わがんあいご》

▼安らぎの生き方

この言葉に、すぐ昭和稀代の喜劇人、クレージーキャッツの植木等さんを連想します。底ぬけの笑顔と笑い声……大好きでした。

植木さんが浄土真宗のお寺の息子さんだというのは、あまりにも有名な話です。しかしそのお父さんのことはあまり知られていません。三重県常念寺の住職・植木徹誠師は、部落解放運動の中心的役割をはたした方で、正義と勇気の人でした。ちなみに植木等さんの名は、平等からきているものだそうです。

私は、この父にしてこの子ありだと思うのです。宗教家としての立場で訴えた父、笑いを通して示した息子。そこには、自由と平等と解放というキーワードがあるのです。それが証拠に普段の植木さんは、後輩に「人間の心はいつどんな時でも、自由じゃないといけない」「どんな人にだって幸せになる権利があるんだよ」と語っていたといいます。

植木さんが父について『夢を食いつづけた男』（朝日新聞社刊）に書いています。

「おやじは度胸のある男だったと、つくづく思うことがある。（中略）

戦争熱が高まっている頃、檀家の人が寺にやって来て『召集令状が来ました。留守宅を、よろしくお願いします』などと挨拶することが、ちょくちょくあった。おやじは、そんな時に、こう言った。『戦争というものは集団殺人だ。それに加担させられることになったわけだから、なるべく戦地では弾のこない所を選ぶように。周りからあの野郎は卑怯だとかなんだとかいわれたって、絶対、死んじゃ駄目だぞ。必ず生きて帰ってこい。死んじゃっちゃあ、年とったおやじやおふくろはどうなる。それから、なるべく相手も殺すな』。（中略）

駅頭で出征兵士の壮行会がある時、おやじは特高か、おやじを保護観察する地方保護司かに見張られながら参列することがあった。そんな時でも、おやじは本堂の一隅で、一対一の話をしているのと同じ内容のことをいうのである。『戦争は集団殺人である……』。おやじはまた引っ立てられていった」

近年、仏教者の戦争責任について論じられます。しかしそんな中にも、植木さんの父親のような僧侶もいたということを知っていただけたらと思います。

さて、悟りに到るための実践徳目として「六波羅密《ろくはらみつ》」があります。その第一に上げられているのが、「布施」です。布施というと金銭を思い浮かべるかもしれませんが、他にもあります。その代表が「無財の七施」と呼ばれるものです。

一、身施（肉体を使った奉仕）
二、心施（思いやりの心）
三、眼施（やさしいまなざし）
四、和顔施（笑顔）
五、言施（あたたかい言葉）
六、牀座施（席をゆずる）
七、房舎施（休息所の提供）

「和顔愛語」は、まさにここからきた言葉です。

江戸の後期、薩摩藩士で京都見聞役の税所篤之に嫁いだ京都生まれの敦子さんという方がいました。彼女は二十八歳の時、不幸にして夫に先立たれます。

夫を失った彼女は、京都を離れ夫の故郷薩摩の実家へ移り住みます。当時の薩摩は封建の色こく、ましてそこにいたのは、近所でも気むずかしいことで有名な姑さんでした。

そんなある日、その姑が一枚の短冊を渡し「私の作った下の句に、うまく上の句をつけなさい」と命じました。短冊には「鬼婆なりと人はいうなり」と記してあります。彼女は静かにニッコリほほ笑み、すらすらと書くと姑に差し出しました。

短冊をジッと目にした姑は、突然大粒の涙を流し「許してたもれ」と詫びたというのです。短冊には、「仏にまさる心を知らずして　鬼婆なりと人はいうなり」としたためられていました。

植木さんも、やはり幼少期苦労したようです。警察に引っぱっていかれた父親のかわりに、自分が檀家さんの家にお経を誦みに行かなければならなかったのです。

檀家さんの中には「ヘタなお経には、お布施は半分だ」と言う人もいたし、帰り道には近所の悪ガキが待ちぶせをして、足を引っかけられたりころばされたりしたといいます。しかし、自分は決してその場では泣かなかった。それは母親が「ケサをつけている時は、どんな子供であってもお坊さんなんだから」と教えられたからだといいます。寺に帰ってケサをとってから、泣いたと。

涙の味を知らぬ者に、決して心からの笑顔も見せられない、私はそう思います。そこに必要なポイントはやはり「めりはり」を知るということです。

植木さんの日常の気まじめさと底抜けの明るさに、「和顔愛語」の真髄を見る思いがします。

家貧道富《いえまずしゅうしてみちとむ》

▼心を豊かにする

金や物が豊かな人は、いろいろなものに欲を起こし目がくらみ、道を踏みはずすことが多い。しかし貧しき者は余分なものを求めず、そこに溺れることもないので真実の道を歩むことができるということです。出典は『嘉泰《かたい》普灯録』にあります。

いつも貧乏をしている私の友人に若狭一廣さんという人がいます。彼は、天理教の教会長をしている方で私より年少ですが、私は彼に宗教家としての生き方に多くの刺激を受けています。

彼は、自分の教会を「若狭動物園」と呼んでいます。それは、彼の周りにつねに十人前後の子供達がおり、ガチャガチャと呼び声が響いているからです。

この子らは、彼の本当の子供ではありません。里子です。しかし、まさに真実の家族です。

彼は子供を迎える時、あえて「東京中で断わられた子供をよこして下さい」との条件を出しているそうです。ですから、彼の周りにいる子供達は、世間でも突出した存在です。

十三歳で子供を生んだ女の子、そしてその赤ちゃんの面倒も見、その子には高校まで学ばせる。相手の男の子を呼び、就職までさせ、少女が卒業すると結婚式まであげてあげる。

他の子のことでもヤミの金融業者に乗り込まれたり、スゴまれたり。

以前、彼に聞いたことがあります。「そのバイタリティは、どこから生まれてくるのですか」と。

彼の答えはこうでした。

「一昔前は、天理教というと新興のインチキ宗教と見る人がいた。自分の父親（前教会長）は、ガン患者のいる家に行き、『お祈りをさせて下さい』と頭を下げて歩いていた。その時、ある家の家人は、その患者の横にあるタン壺を指さし、この中のものを飲んだら祈らせてやるといったというのです。父はそれを飲みお祈りをさせてもらって帰って来た。その後、その患者が亡くなると、父は『自分の力不足ですいませんでした』とあやまりに行ったというのです。そんな姿を見て、その家人は自分の非礼を詫び、教会の信者になってくれた。今のうちの教会を支えて下さっているのは、こういう人達なのです。自分は、父と同じマネはできない。だから自分のできることを考えて、たどりついたのがこの里親だったのです」と。

そんな彼の受け入れた人の中でも、壮絶だったのが殺人を犯した人の話です。

仮釈放になったこの人がいたのは、更生保護施設（身元引き受け人のいない人が、社会へ帰る一時あずかり施設）でした。殺《あや》めた人が夢に出てくるといって、訪ねて来たことが始まりだったといいます。以来半年、彼は毎日教会に通ったといいます。そんな彼を見て、若狭さんは自分が身元引き受け人になり、教会の家族になったのです。

教会に来た彼は、朝は誰よりも早く起き掃除をし、それこそもう一度人生をやり直そうとしていました。しかし一年が過ぎた頃、ふとした気のゆるみから酒を飲んでしまったのです。隠していましたが、実は彼はアルコール依存症だったのです。周りもそんなことに気づき、注意をし始めた頃に起きたことです。

若狭さんは大阪に出張に出ていました。出張先に、夜中二時に電話がかかってきました。彼が包丁を持って暴れ、奥さんや子供を刺し、今警察が来ているというのです。若狭さんは、関係先に連絡するよう指示し、急いで、大阪から東京へタクシーで高速をとばし帰ったのです。

帰ってみると、奥さんがおり、本人はもうスヤスヤと寝ているといいます。とりあえず、警察に行き事情を説明。刑事は、仮釈放中の事件だからこれから逮捕に向かうといいます。その時間に起きたことです。別の刑事が入ってきて急いで言うのです。

「若狭夫人より通報あり、被疑者自殺！」

一瞬、なにが起こったかわからなかったといいます。

とにかく刑事さんと共に自宅まで走って帰りました。奥さんは言います。「部屋をのぞくと彼は、首を吊っていました。かわいそうだったので、紐を切って抱き降ろし座らせました」奥さんもまたすごい人だと思います。ＰＴＳＤ（心的外傷後ストレス障害）になった彼女は、「私の問題は時間が解決してくれる。だから、あなたの活動はやめないで下さい」と言ったといいます。

今もその活動を続けている若狭さんは言います。「喜び」は外から与えられたものが自分に利（益）する場合の感情で、それはエサを与えられた犬でもできます。しかし「楽しむ」というのは、人間にしかできません。冒険家は、死ぬかもしれないし、つらいことをやっている。他人には理解できない。でも本人が心豊かに楽しんでいるんだから結局、他人からどう思われようといいんじゃないかと……。

楽しむということ。どうやらここら辺が「家貧しゅうして道富む」コツなのかもしれません。

拈華微笑《ねんげみしょう》

▼おおらかさを身につける

非常にきれいな言句だと思います。『無門関』の第六則に「世尊拈華」という話が出てきます。

——世尊、昔、霊山会上に在って花を拈じて衆に示す。

是の時、衆皆黙然たり。

惟だ迦葉尊者のみ破顔微笑す。

世尊云く、吾れ正法眼蔵、涅槃妙心、実相無相、微妙の法門あり。不立文字、教外別伝、摩訶迦葉に付嘱す。

昔、お釈迦様が王舎城の霊鷲山《りょうじゅせん》という山におられた時、梵天王という王様が金波羅《こんぱら》華《げ》という花をお釈迦様に献じられた。そしてお説法を願われたといいます。

この時、お釈迦様はその花を持ち高座に上られ、黙って皆の前にその花をかかげられた。見ている者は訳がわからず、ポカンとその姿を見つめていましたが、弟子の迦葉尊者だけが一人ニッコリと微笑まれたというのです。

するとお釈迦様は、自分の仏法は全てこの迦葉に伝えたと申されたのです。

この時より、「不立文字《ふりゅう》（文字で示せない）、教外別伝（教えることの外に伝えるべきものがある）」の禅がスタートしたのです。そしてその教えが脈々と伝わり、現代の日本の禅宗があるのです。

日本の禅宗の一派の中に京都の大本山妙心寺があります。正式名称は、正法山妙心寺。この山号は、『正法眼蔵』から、また寺名も「涅槃妙心」からきたことがわかります。

また、この寺の開山様・関山国師の諡《おくりな》で明治天皇がつけられた「無相大師」も「実相無相」からですし、二世の授翁《じゅおう》禅師の「微妙大師」も「微妙の法門あり」を出典としているのです。

関山国師は、大徳寺の開山様・大燈国師のお弟子さんですが、大燈国師が病床にあった晩年、帰依（信仰）していた花園上皇が心配して尋ねられたのです。「国師亡き後、誰を師としたらよいか？」と。すると国師は、自分亡き後の師として関山慧玄を推挙したのです。そして上皇が新たに建てる禅寺の名も伝えておきました。ですから

「妙心寺」の名は、大徳寺開山様の命名だったのです。

さて花園上皇は、次の師の名は聞きましたが、はたしてその方はどこにいるかわからんというのです。大徳寺を出ていってそれっきりだというのです。そこで関山を知る人に聞き、人相書をつくらせ探させます。そしてついに見つけたのが、岐阜の伊深の山里です。農民の下働きをしていたのです。その期間八年。

村民は驚きました。天子様の師となるような方をアゴで使っていたからです。現在、この地には正眼寺という寺が建てられています。この名も、『正法眼蔵』から付けられたものです。

我々臨済僧の中で「応燈関の法燈」という言葉があります。大燈国師の師・大応から大燈、そして関山に伝わった禅のことです。
万治二年（一六五九）、この妙心寺で開山様三百年遠忌（三百回忌）が厳修されました。その時、一山を代表して導師を務められたのが、愚堂和尚でした。この時、唱えた香語（祖師にささげる漢詩）が、妙心寺に残されています。
――二十四流日本の禅
惜しいかな、大半その伝を失なう
関山幸い、児孫の在る有り

続焔聯芳《ぞくえんれんぽう》三百年――

この詩には、おもしろい逸話が残されています。式当日、愚堂和尚が作った漢詩を唱えました。その時の漢詩の三句目は、初め「関山幸いにして愚堂の在る有り」だったのです。しかしその式中に、出頭していた大愚和尚が三句目が終わると、「ここにもおるゾ！」と叫んだというのです。そこで「愚堂の在る有り」を「児孫の在る有り」に訂正したのです。

近年、妙心寺では六百五十年遠忌の記念行事を行われました。東京国立博物館の「妙心寺展」は私も見に行きました。その中で、おやっと思ったことがありました。文章も墨跡も残さず、自分の肖像も造らせなかったという枯淡の師・関山。そう聞いていたのに、全身像があったからです。

しかし、解説を読みわかりました。関山が亡くなり百年後、頂相《ちんちょう》（肖像画）が必要だということになった。しかし実際の関山国師を見た人は生きていません。その時、たまたま訪ねてきた老婆に、どこかの寺がつぶれて、僧侶の像の頭だけが残っているという話を聞いた。そこでこれも縁とその頭を譲り受け、関山像を造ったのだというのです。つまり本当は、どこの誰だかわからないというのが真実。なんとおおらかな……。おもわず微笑してしまいました。このスタンスこそ、まさに「拈華微笑」だと思ったのです。

歩々是道場《ほほこれどうじょう》

▼正しい生き方

『維摩経』に「直心是道場」の語があります。自分の心という内側を観た時、それは「直心」の語になり、外の風景を見た時「歩々」という語になるのです。ですからこの語は、同意語です。

光厳童子は、ある時修行に適した静かな場所をさがそうと思い立ちます。そして喧騒な毘耶離城《びやりじょう》を出立しようとします。その時、たまたま城を訪ねて来た維摩居士（居士とは、一般人で仏教の奥義を究めた人）と出くわします。

童子は問いかけます。「どこから来たのですか」維摩は「道場から来ました」と答えます。さらに「道場というのはどこにあるのですか」と尋ねると、維摩は「直心是れ道場」と答えたというのです。

『趙州録』の「歩々是道場」も同じです。修行するという心があれば、どこであっても修行する道場となり得るといっているのです。それは裏を返せば、その志がなければ聖なる所にいても修行にはならないということです。自分の歩んでいる生活、日常の場を道場と捉えられれば、それこそ俗なる所であっても聖なる場所となるのです。白隠禅師のいわれる「当処即ち蓮華国」とは、まさにそのことです。

今の日本仏教の大恩人に山岡鉄舟居士がいます。剣客であり政治家であり、禅の達人といわれた人です。

明治に「排仏毀釈」という仏教排斥運動が政府に起こりました。寺はつぶされ、まさに日本仏教最大の危機でした。この時、日本仏教側は、相国寺の萩野独園老師などが中心になり、仏教の必要性を訴えました。その間に入り、政府との調整をしたのが鉄舟居士でした。

その結果、寺に檀家制度が残されることになり現在まで続いているのです。ただそのかわり、僧侶の結婚は推進され、戦争になれば戦いに行くことを強制されることとなったのです。

今や僧侶の結婚はあたり前で、人はなんとも思っていませんが、これが当時の国策だったのです。日本の僧侶の堕落から、これらが始まったのではないことを知っていただきたくて、あえて記しました。

話がそれてしまいましたが、この鉄舟居士を平沼専蔵という人が訪ねて来ました。聞くと自分の息子が亡くなり、悲嘆のあまり言うのです。

「私は今日から仏門に入り、亡くなった子供の菩提を弔《とぶら》いたいと存じます。どうぞご指導をお願いします」

鉄舟は答えます。「俺も前に倅を亡くしたことがあるから、その気持ちは分かる。しかし仏門に入ってただ経を誦んだからといって何の功徳にもならんぞ。本当にその子を弔おうとするなら、よっぽどの坊主にならんといかん。しかし俺の見たところお前はそんな人物ではない。商人の器だから、商人に一貫するがよかろう。そうすれば金持ちになるだろうから、その折には慈善を行うことだ。そうすれば子供も報われるだろう。女々しい感情を捨てて、子供の弔い合戦のつもりで一途に励むがよい」。

この平沼氏は、後に横浜有数の実業家と成り、鉄舟の教えの通り生きたということです。

またこんな話も残されています。鉄舟に参じていた人が、『臨済録』を提唱（講義）してくれといってきました。鉄舟は「それなら鎌倉の（今北）洪川和尚に聞くがよかろう」と。しかしその人は言います。「洪川老師のは、すでに聞いております。ですから先生にぜひ一度お願いしたいのです」。

「それなら、わかった」と鉄舟は立ち上がり、剣道場へその人を連れて行き「見ておれ」とそこにいた門人と手合わせをしました。再び部屋へもどってくるとその人におもむろに「わしの提唱はどうだったかね」と尋ねたのです。

あっけにとられているその人に、「わしは剣客だから剣を持って『臨済録』を提唱したのだ。それがわしの本分だ。わしは決して坊主のまねなどはせん。人まねは死物だ。そんな禅なら道楽にしかならん。お前さんは長年、禅をやっているそうだが、『臨済録』を書物とのみ思っているようでは、まだまだだ」。その人は、深く肝に銘じたといいます。

人には、持ち場、持ち場というものがあります。私は、坐禅の「坐」と「座」を区別して書きます。なぜなら「座」と書くと、座る場所という限定した意味になってしまうからです。禅でいう坐は、日常全ての中にあるものだからです。

坐禅は、目をつむりません。開けていることに意味があるのです。現実を見つめながら、心を見ていくのです。世の中との隔離を作らないのです。人里離れれば心静かになれても、都会に出てくればもとにもどってしまう。それでは、活きたものとはいえないのです。役にたたないのです。

寺に行かなければ、出家しなければ「安心《あんじん》」を得られないとするなら、それは大乗仏教（皆を救う仏教）ではありません。「歩々是道場」は、それを教える言葉です。

澄潭和月斟《ちょうたんつきをわしてくむ》

▼心の美しさとは

この語の出典はさだかではありませんが、「澄潭」というのは、水の澄んだ清らかな淵ということです。そしてその水面には、美しい月が映っている。水を酌み上げるとそこにも、水と共に掬《すく》われた月が揺らぎながら輝いている、なんとも美しい情景です。

これを心に置き換えるならば、「心を澄まし意《おもい》を清め、もってそれをよく存《たも》つ」ということになると思います。

最近の幼稚園や小学校では、運動会の時に競争の順位をつけなくなったと聞きます。私にはとても信じられません。そこには、いやなことは嫌って遠ざける、トラブルは避けて通るという軟弱な大人の勝手が見えます。結果、人心の荒廃へとつながるのではないでしょうか。

現実の世の中は、一面を排除すれば成り立つというほど、単純ではありません。実際に競争だらけの世の中なのです。

教育は、育てるために教えるのです。そして育てる一番の目的は「生き抜く力」を身につけさせることだと思います。その根元がまったく見えなくなっている。私はそう感じています。

ある小学校の校長先生の話があります。この先生は、農村地域に新任の校長としてやって来ました。

校長になってしばらくすると、初めての運動会の季節になりました。運動会での校長の仕事は、その開会式と閉会式の挨拶です。

初めてということもあり、原稿まで作り準備を整え、暗記してのぞみました。開会式では原稿どおり無事話をして終わりました。

そして和気藹々《わきあいあい》とスケジュールをこなし、閉会式の時間になりました。また原稿どおりの話をしようと台上に登りました。

台上から子供達を見渡すと、フッとあることに気づきました。子供達の胸につけられたリボンです。一等は青色、二等は黄色、三等は赤色。

子供は、一人三回の競技に参加することが決っていますから、多い子は三個。三個の子も二個の子も一個の子もいます。そして全ての競技で三等以下だった子は、一つもつけていないのです。

そこで校長先生は、原稿で覚えてきた話を急遽やめました。そして言ったのです。

「リボンを三つ胸につけている人、手を上げて下さい。ハイ、おろして。その人たちは大変頑張った人です。その場にしゃがんで下さい」

「次にリボンを二つつけている人、手を上げて下さい。ハイ、手をおろして。その人たちは次に頑張った人たちです。しゃがんで下さい」

見ている父母は、心配そうな顔をしています。こうしていくと、最後にリボンをしていない子だけが残されるからです。

「つぎにリボンを一つつけている人、手を上げなさい。ハイ、おろして。この人たちも頑張りました。しゃがみなさい」

ここでリボンをつけていた子、全員がしゃがみました。立っているのは、リボンのない子だけです。そしていいました。

「今残った人は、一所懸命やったけれど、もうちょっとのところでリボンがもらえなかった人たちですね。頑張ったことをほめて、校長先生は心のリボンをあげます。さあ、投げますから、しっかり受け取って胸につけて下さい。」

そういうと校長は、目に見えないリボンをみんなに向かって投げたのです。子供たちは、うれしそうにそれを受けとるとしっかりと胸につけたのです。

父母の席からは、多くの拍手が起ったといいます。校長先生は、ちょっとやりすぎたかな、と後で思ったそうです。

しかしその一年後、また運動会の季節がやって来ました。今年はやめようと思っていたら、あるお父さんがたずねて来ました。

「校長先生、今年もあの心のリボンをやってくれませんか。うちの子は太っていて走るのが遅く、今まで一度もリボンをもらったことがないのです。去年の心のリボンが、小学校でもらった初めてのリボンです。どうかよろしくお願いします。」

そこでこの校長先生は、学校にいる間ずっとこれを続けたというのです。

人間はいやなことは避けたい。それはわかります。しかし人生、いやなことをずっと避けて通ることなどできないのです。

子供の純心に真剣に向きあえば、解決の突破口が見えてくると思います。智慧というものが自ずと生まれてくるのです。そしてその行動が慈悲という救いになるのです。

「澄潭月を和して斟む」という言葉、その具体的姿がこの校長先生にあろうかと思います。

白珪尚可磨《はっけいなおみがくべし》

▼精進のこつ

「白珪」の珪を圭と書くものも見受けますが、つまる所白く清らかな玉のことです。人生の達人、昭和の名僧といわれた山本玄峰老師の言葉に次のようなものがあります。

「……ほんとうの家の宝というものは、家に備わってあってこそ、宝じゃ。今さらよそからえらいいいものといって買い込んできたところで、ほんとうの家の宝ではない。この宝とはめいめいの性根玉じゃ。見よ、宝は天地に充満している。それを自分のものにして使う。いや自分のものにしてじゃない。オギャーと生まれおちるともう自分のものとして、ちゃんと具っておるのじゃ。それを知らずに、小さな仕切りをつけて、腰をかがめても入れん、横になっても入れんような狭い門をつくって、おれがおれがでいく、憐れな境界と申さねばならぬ」

玉とはまさに、この性根玉です。

『詞経』大雅の中に「白圭の玷《か》けたるは尚、磨くべし。期の言の玷けたるは爲《おさ》むべからず」とあります。白い玉は傷ついた時、磨けば元にもどる。しかし言葉というものは、いいそこなうと取り返しがつかない。

「向上の一路」といいますが、完全無欠と思っていても、つねに細心の注意と努力を怠ってはいけない。足元は、一瞬ですくわれてしまうのです。盛者必衰とはこのことです。禅でも「悟後（悟った後）の修行」をやかましくいうのは、このことです。

名優・森繁久弥さんがお亡くなりになりました。九十六歳という長寿を全うされましたが、以前の想い出話の中で語られた話があります。

それは森繁さんの代表作の一つ「屋根の上のヴァイオリン弾き」でのことです。九州での公演でのこと、芝居が始まりましたが客席最前列の少女は、居眠りをしていました。森繁さん、その他の共演者達もそのことに気づきました。当然、面白くありません。そこでわざと演技の中で、床を踏み鳴らしたというのです。「起こせ、起こせ」と強く、より強く音をたてたのです。しかしその少女は微動だにしない。そしてとうとう終演を迎えてしまいました。

アンコールの幕があがり、少女は初めて顔をあげました。しかし少女の目は、相変わらず閉じられたままだったのです。そこで、皆気づきました。居眠りに見えたのは、盲目の少女が全神経を耳に集中させ、必死に芝居を心の眼で見ようとしていた姿だったのだと。

心ない自分達の行動に、森繁さんは舞台の上で泣きながら、アンコールに応えていたといいます。


他にも似たような話を私は、仲間の教誨師に聞いたことがあります。十名ほどの若者と坐禅を指導していた時です。離れた所に坐っている一人が、手を結ぶこともなく動いています。当然、注意しようかと思いました。しかし、思いとどまったのです。

「自分だって、何年たっても思い通りになかなか坐れなかったじゃないか」と。

それから小一時間が過ぎ、坐禅の時間は終了しました。かたづけをして、部屋を出ていく彼ら、その姿の中に先ほどの若者の姿もありました。なにげなく見送っていると、彼の腕は肘から先がありません。

数十分前に出かかった言葉に、冷汗が出たというのです。その場所とは少年刑務所で、片腕の彼とはもちろんその受刑者です。

人はすぐ白黒つけたがります。しかし、その決めつけが人の判断を誤ることもあります。立場によって、その答えは一つではない。基本に対する応用とは、まさにこの対応ができることだと思います。簡単なことではないけれど、どの道でもプロといわれる者ならそのことを忘れてはいけない。

江戸の天才浮世絵師・葛飾北斎は、九十歳という当時としては考えられない長寿を全うします。その死に臨んで、「天が私にあと五年の命を与えてくれるなら、本当の絵描きになってみせるものを」と語ったといいます。

江戸本所で生まれた北斎は、中島伊勢の養子となり木版彫刻を学びます。十九歳で浮世絵師勝川春草に入門。役者絵、黄表紙、洒落《しゃれ》本などの挿絵を発表。その後、堤等琳、司馬江漢、狩野融川など狩野派、土佐派さらに西洋画にまで貪欲に学び続けるのです。そして摺物《すりもの》や狂歌絵本を出し、『北斎漫画』の絵手本（デッサン集）、さらに代表作といわれる『富嶽三十六景』は、七十二歳のものです。その後も肉筆画の傑作を残し、その題材、画風も一言でいえるようなものではありません。その北斎の最後の言葉がこれなのです。

自らの寿命をもつき破るような志。近年の漫画界の巨人、手塚治虫さんも「まだまだ描きたいアイデアはいくらでもある」といっていたそうです。

「白珪尚、磨く可し」。自己に厳しい、エリを正す一句です。

窮則変変則通《きゅうすればすなわちへんじへんずればすなわちつうず》

▼信念を持つ

もともとは『易経』を出典とする言葉ですが、禅書では『槐安国語』四などに登場します。真剣に生きている人間ならば、苦難、困難に巡り合った時、自ずと心の開発が行われます。これを工夫といいます。そしてそこに真摯な心があるならば、それは必ず通ずるものとなるというのです。その関係性にも変化が起こるということです。

日本人は外交ベタだといわれます。島国の単一民族で育って来た土壌がそうさせるという人もいます。しかしこのめまぐるしい国際社会の中では、そんなことをいっていても埒《らち》があきません。北朝鮮との問題でも歯がゆい想いでみている人も多いと思います。中には日本人でも口悪い人は「アメリカのポチ」（なんでもいうことを聞く犬）などと自虐的にいう人までいます。

近年、再び脚光を浴びている日本人に白洲次郎がいます。

長身で美しい顔立ちはもちろんですが、なによりもその注目は外交能力の高さです。明治三十五年、兵庫県の芦屋で生まれた彼は、裕福な家で育ちます。あまりに恵まれた家庭環境であったため、中学時代には自由奔放、自動車を乗り回していたといいます。

そんな息子に手を焼いた父親は、中学を出すと息子一人をイギリスに留学させてしまいます。国内では大正・昭和と思想家は特に弾圧されていった時代です。

誰も知らない外国。白洲はここで人生を切りひらく、自立心を養ったのでしょう。そして英語もそうですが、英国紳士の慎み深さや責任感を身につけました。洗練というものを知るのです。ジェントルマンといわれる由縁です。

昭和三年、父親の会社の倒産に遭い彼は帰国します。そしてその語学力を生かし、英字新聞の記者、外国商社で働きだします。

そんな姿に目をつけたのが、あの麻生元総理のおじいさん吉田茂です。昭和四年、世界恐慌がおこり、そこから徐々に日本は、太平洋戦争に突入しつつある時代です。後に日本は、戦争に敗れ実質的統治権を失います。アメリカからＧＨＱ（連合国軍総司令部）がやってきて、日本の今後のシステムを確立させようとしていました。

この時期、外務大臣になっていた吉田は、白洲を疎開先から呼び寄せ「終戦連絡事務局参与」の職を与えました。とにもかくにもＧＨＱとの直接交渉をやり、日本の将来がうまくいくようにするという重要な役回りです。

ＧＨＱに対抗できるのは、白洲以外にないと吉田も考えたのでしょう。そしてそれは、吉田の思惑通りになりました。国土再建のためには、なにがなんでも日本の主張を言える立場をつくらなければなりませんでした。

戦争に敗れた側からいえば、普通に考えればなにも言えません。今にもつながる日本の常套手段は、下手に出てご機嫌をうかがいながら、ちょこっとずつ小さな希望を述べる、そういうスタンスです。

しかし白洲は違いました。決して一歩も引かず日本代表としての主張を論理を尽くし徹底的に述べたのです。理不尽なことは許しませんでした。


私はこの白洲の姿の中にこそ「窮すれば則ち変じ変ずれば則ち通ず」の語をみます。本当に飢え苦しむ国民、その代表として自分の命をかけた言葉だったからこそ、その気概がアメリカ人に通じたのだと思います。

我々禅僧も、公案（禅問答）修行の中で、この語を実感します。ひたすら坐禅をし寝る間もおしみ、やり続ける中で「もうだめだ、これ以上出てこない」。フラフラになったその先に真証の見解（本当の答え）が見い出せるのです。身を持って体験するわけです。

白洲にはこんな話も残されています。軍の最高司令官マッカーサーに、昭和天皇からの贈り物が届きました。マッカーサーは、適当にあしらい「その辺に置いとけ」と命ずると、その場にいあわせた白洲は激怒し、その非礼を説いたというのです。白洲の反応にびっくりしたマッカーサーは、改めてきちんと机を用意させ、その贈り物を丁寧にいただいたといいます。

白洲はGHQ内で「従順でない唯一の日本人」として、アメリカ本国までその名は知られたそうですが、白洲を排除する動きはなかったといいます。その気概、誇りはアメリカ人も通ずる所で、尊敬され軍からの信頼も厚かったという証です。

昭和二十五年、サンフランシスコ講和条約締結の席でも吉田首相の顧問として出席した白洲は、吉田の声明文を英語に直す必要はないと主張しました。今の日本の礎は、ここにあったといっても過言ではないと思います。そんな日本人がいたのです。

真剣に生き、自立心を養えば「窮すれば則ち変じ変ずれば則ち通ず」の意を達観できると思います。この言葉を念頭に日本の外交に活かしてほしいと願います。

命の尊さを知る

冷《れい》暖《だん》自《じ》知《ち》

▼感じる心を育てる

「冷暖自知」は『無門関』などに見られる語ですが、暖かいとか寒いとかは、その本人がハダで感じることで他の者には窺い知ることはできません。

料理などでも「まったりとして、舌にからみつくよう」などといわれてみても、そのものの味はわかりません。食べてみて初めて感じるものです。悟りというようなものも、いくら説明しようにも悟り自体がわかるわけではありません。

禅の解説書は薬の効能書と一緒だといった方がおりましたが、言い得て妙な表現だと思います。やはり薬を飲まなければ効めがないように、禅は坐禅をしなければわかりません。禅語でも本当にわかろうとするならば参禅体験が必要です。

そこになによりも大切なことは、真剣さだと思います。

ある科学者が「人は死んだらゴミになる」と言い、反感を持たれました。しかしそんな彼が、自分の最愛の娘さんが亡くなった時、「人は死んでも決してゴミにはならない。この亡骸はまぎれもなく自分にとってかけがえのない存在である」と言ったといいます。

これは決して理屈を知るだけでは、および得ない真実です。本からの知識も他人の助言でもわかり得ないものなのです。体験なのです。

最近、童謡「赤とんぼ」の歌が生まれた経緯を知りました。この詞を書いた三木露風は七歳の時に母親と生き別れになっているのです。寂しい幼少期でした。

夕焼け小焼けの赤とんぼ　負われて見たのはいつの日か

「負われて」というのは、「背負われて」です。こうして読むと、新たな感慨がわいてきます。

また野口雨情は、二歳になる自分の子供を失ったときに「しゃぼん玉」の詞を書いたといいます。

しゃぼん玉消えた　うまれてすぐにこわれて消えた

自分の子供の頃感じたものとはまた違った感情がわきます。これは、人の親となったからわかるのだと思います。状況がわからせたのです。死刑囚島秋人さんのことを書きます。

彼は幼少期に母親を亡くしてしまい、自分自身も病弱で七年間、ギブスをはめて育ちました。学校での成績も最下位。友達はむろん先生からも「低能」と呼ばれたといいます。家も貧しく飢えに耐えきれず、非行に走り犯罪をくり返しました。

昭和三十四年、民家に押し入り二千円を奪いましたが、家人にさわがれ、そこの奥さんを殺害してしまうのです。

つかまった彼は、中学校の時たった一度褒めてくれた先生に手紙を書きます。先生からはすぐ返事がきました。それは情愛にあふれ、また先生の奥さんからは短歌がそえられていました。これが彼の短歌との出会いです。短歌の勉強を始めてから、彼は才能を開花させます。毎日歌壇賞なども受賞しました。

低能と呼ばれた彼になぜそんなことができたか、彼が亡くなった十七年後、当時の拘置所長が公表しました。彼は、なんと知能指数が一二〇を超えていたのです。実は彼は、自分も知らないうちに難聴になっていたのです。それは父親になぐられてそうなったのか、病気が原因だったのかはわかりません。しかし誰もそのことに気づいてやれなかった。学校の先生でも声を掛けると、人よりテンポが遅れる。それで低能と……。

この状況に到って、初めて全てのことがわかったのです。彼は、そのことを知らなかったのです。

彼の作品の中でも私がもっとも強く心がゆさぶられるのが処刑前日の歌です。

——この澄めるこころ在るとは識らず　刑死の明日に迫る夜温し——

そして彼は処刑当日、被害者の遺族に手紙を書きます。

「〇〇様

長い間、お詫びも申し上げず過ごしていました。申しわけありません。

本日処刑を受けることになり、ここに深く罪をお詫び致します。

最後まで犯した罪を悔いて居りました。亡き奥様にご報告して下さい。私は詫びても詫びても足りず、ひたすらに悔を深めるのみでございます。死によってい くらかでもお心の癒されます事をお願い申し上げます。申しわけない事でありました。ここに記してお詫びの事に代えます。

みな様の御幸福をお祈り申し上げます」

四十年が経った現在、執行に立ち合った刑務官は、「彼の執行はこの上もなく悲しかった。しかし、この手で送ることができて幸せだったと思っている。そう思わなければとても耐えられない」と涙ながらに語っています。

彼の言葉は命を冷暖自知した真実の言葉だろうと思います。

看坐雲起時《ざしてみるくものおこるとき》

▼真剣に生きるということ

この語は唐の詩人王維の「終南別業」に出てくる一節です。前の句「行きては到る水の窮まる処」とは対句になっています。

気ままに山端を歩いていると水の流れの尽きる処にたどりつき、そのあたりに腰かけ上を見上げて雲の湧き起こるのを眺めているというのです。悠々自適の無心の消息です。

うらやましい限りののどかな情景ですが、禅的解釈をすれば、その根本をおさえる、核をつかむということです。その根本さえしっかりつかんでいれば、自由自在の働きが可能です。無心にして闊達自在。そしてそれは寸分自然と違《たが》わない、そんな所でしょうか。

要所をおさえる、これは禅問答などでも大きなポイントです。

さて、私の最初の参禅の師は、二代前の大徳寺の管長中村祖順老師でした。室号・看雲室。この語句を出典とした名であります。室号とは、参禅（禅問答）を許された高僧が持つ別号で参禅部屋に名をつけることから、〇〇軒や〇〇室などといいます。

私と老師との初めての出会いは、高校生の時でした。当時の私は、大徳寺の塔頭大仙院の小僧をやっていました。

大徳寺には、法系の流れから四派というのがあります。北派・南派・真珠派・龍泉派です。その中で大仙院は北派の本院で、この派の元になります。正月には、その派の本院で総茶礼をするのが慣例で、この大仙院で和合の茶を飲むことになっているのです。本山では抹茶なので、こちらではコブ茶を出していました。私は来られる和尚さんにこのコブ茶を出す係だったのです。

私は一番目にこられた和尚さんに言いました。「味見して下さい」。

それがなんと老師だったのです。私は勝手に一番偉い和尚さんは最後に来ると思っていたので……。老師は、ニッコリ笑って「ちょうどいいよ」と答えて下さいました。

後で老師が大仙院にはおもしろい小僧（物怖じしない）がいると言っていたと聞きました。しかしそんなものではなかったのです。ただの無知。

それから時を経て大学を出た私は、本格的な雲水修行に入ります。大徳僧堂に入門するわけですが、その理由は看雲室老師は日本一の老師だと聞いていたからです。しかしこの時、すでに老師は病に犯されていたのです。

私達新到《しんとう》（新入生）は、十二指腸潰瘍と聞かされていました。でもガンでした。ですから老師と顔を会わせる機会は、少なかったのです。本来は、毎日参禅（禅問答）があるはずなのですが、たまにしかありませんでした。しかし、私達新人にはそんなことはわかりません。

半年ほどして、雲水（修行僧）全員隠寮に集まれといわれ、なんのことかもわからず向かいました。そこには、老師が横たわっていました。周りにはお医者さん、兄弟弟子の老師様。久しぶりの老師は、ヤセほそり何より黒いはずの瞳が白いのです。細胞がもう死んでいるのでしょう。目も見えなかったと思います。例えが悪いのですが、まさに魚の目です。この時、私は初めて老師の死が近いことを知りました。

そんな状況の中で、老師は言われたのです。

「新到さんに申し訳ない……」

私は雷にうたれたようなショックを受けました。修行に入り寺の住職になる為の修行期間（三年間）を無事に過ごせればいい……、私はその程度のことしか考えていませんでしたから。

老師はまさに今、自分の命が亡くなろうとしている。その時に、私達のことを心配して下さっている。その後老師は、坐禅したいと申され、周りの雲水の力を借りて坐りました。坐亡（坐禅して亡くなる）なさろうとしたのです。そして力尽きて亡くなられたのです。

「ご臨終です」のお医者さんの声のあと、見守られた兄弟弟子の老師様が叫びました。「お前ら、何か言えんのか！」

私達雲水は全員泣きながら「ありがとうございました」と一声に言ったのです。

この情景は、生涯私の記憶から消えることはないと思います。最後の身を挺しての教化、本物の禅僧を見た瞬間でした。私はこの時せめて五年、いや十年は修行しなければこの老師に申しひらきができないと思ったのです。

老師亡きあと、老師の兄弟弟子妙心寺僧堂松山寛恵老師、後事をたくされた現大徳寺派管長高田明浦老師に参禅させていただきました。

私の雲水修行の原点、修行の礎は大徳寺五一三世中村祖順、看雲室老師にあります。

――行きては到る水の窮まる所　坐して看る雲の起る時――

私はこの句を見るたび、襟をただします。

まだ足らぬ　踊り踊ってあの世まで（六代目菊五郎）

日々勤払拭《ひびにつとめてほっしきせよ》

▼今日一日

「日々に勤めて払拭せよ」とは、心に対して言っているのです。有名な話で、禅宗五祖の弘忍禅師は、弟子たちに自分の心の状態（悟りの境地）を漢詩にしてみよと命ぜられたというのがあります。

高弟である神秀は、次のような詩を作りました。

「身は是れ菩提樹、心明鏡台の如し
　時々に勤めて払拭し
　塵埃《じんあい》をして惹《ひ》しむること勿れ」

（我々の肉体は仏そのものであり、また心も鏡のようなものである。しかし時々は払い拭《ぬぐ》わなければ、鏡に塵が積もって見えなくなってしまう様に仏の心も汚れてしまう）

まさにこの語句は、この詩をルーツにしているのだと思います。

対して慧能はこういいました。

「菩提は本より樹無し。

明鏡も亦た台に非ず。

本来無一物
何れの処にか塵埃を惹かん」

(仏には、もとより肉体も鏡のような心もない。本来無であるのだから、塵の積もりようもない)

弘忍禅師は、この二人の詩に対し慧能のほうが優れているとし、六祖(後継者)としたといいます。一つ一つの煩悩を除去し、清らかにするという神秀と一切の分別を離れた境地をいう慧能では、たしかに慧能が上でしょう。しかし、私はより人間的な神秀のほうに共感をおぼえます。

なまけ心が起こる凡僧の私は、問題意識を持って生きないとすぐにはずれてしまいます。まさに自分に向けられた言葉という気がしているのです。

温泉地として名高い箱根の湯本に早雲寺という寺があります。大徳寺派の名刹で、北条五代の菩提寺として知られています。この寺の全盛期は、鎌倉の建長寺、円覚寺をしのぐものだといいます。その早雲寺に「北条早雲二十一か条」という北条家の家訓が残されています。早雲という人は、出生からして謎の多い人なのですが、その人となりを示す貴重な資料です。

そしてその内容は、朝起きてから寝るまで多岐に渡りその理由まで書かれています。早雲という人がいかに綿密な人であったかがうかがいしれます。

多くの戦国武将が禅を信仰しましたが、そのほとんどの者が禅の一部を取り入れるというスタンスでした。しかし早雲は、日常生活全て禅、つまり禅僧の生活を実践したのです。いつも緊張感を持って、清貧の中を生き抜くという生活です。

そんな早雲ですが、民には深い情を持ち合わせていました。早雲の時代、馬泥棒は重い犯罪でした。馬は大変貴重で、軍用も含むいろいろなことに役に立つ。そんな馬を早雲の領地で盗む者があらわれました。捕えられ、死罪の判決が出ました。公開処刑で早雲もその見分に行きました。その時、犯人は叫んだのです。

「俺は馬一頭盗んだだけだ。あそこに国泥棒がいる。そんな奴がのうのうと生きているのに」

役人はあわてて青ざめましたが、早雲はカラカラと笑い「放免しろ」と言って帰っていったというのです。言った犯人も唖然としていたといいます。

後に放免になった犯人は、他国に渡ってその話をしたため、早雲の大きな度量は人々にも語られるようになったということです。

五代続いた北条家もついに豊臣秀吉によって滅ぼされました。そしてその土地は、徳川家康のものとなりました。そこで家康は大変な苦労をしたといいます。

北条の領民達は、北条を慕っていたためよそ者の家康を受けいれがたい。ガタガタの江戸城を造り直したかったが、なかなかことが進まない。北条百年の善政がそうさせたのです。そしてその始祖が早雲なのです。

だから江戸城の前面の海を埋め立て、今の丸の内、霞が関、日比谷、神田、新橋などに必要な施設を作ったのです。当初の江戸経営が埋め立て地に拠点を定めたのは、そのような理由があったのです。

人にやさしく、自分に厳しく。言葉として語るのは簡単です。しかしこれを実践するには強い意志と目標がなければ到底できることではありません。

平和な豊かな国をつくる、つまり神仏の願いを自国に実現する。その目標のためには、我が身を引き締めて、民の手本となるような生活をしなければいけない。

早雲のように「日々に勤めて払拭せよ」とは、つねに自分の心の鏡を磨いて、人の苦しみを正しく映し出せるようにしておく。そういう姿勢にほかならないと思います。

壺中日月長《こちゅうじつげつながし》

▼永遠の命

『円悟語録』などに見られる語ですが、その話の元は『後漢書』費長房伝にあります。

昔、「富山の薬売り」というのが各家を訪ねて来ました。私などもその薬売りのおじさんがくれる「紙風船」などを喜んでいた幼い日の記憶があります。最近はそんな姿を見かけることもなく、時代の流れというものを感じます。

『後漢書』に登場する壺公《ここう》というのは、その薬売りです。自宅の前に薬壺をぶら下げていたことから、人々に壺公と呼ばれていたということです。

壺公の薬は、よく効くと評判で大変売れていました。しかし壺公は、どんなに忙しくても夕方には店じまいをし帰ってしまいます。そして帰ると家にある壺の中へ入ってしまうのです。

そのことは誰も知りませんでしたが、ある時役人の費長房が偶然、それを見てしまいます。費長房は壺公に興味を持ちます。そして壺公と親しくなります。そうしているうちに、壺公は費長房が壺に関心があることに気づきます。そこで「明日の夕方、誰にも知られないようにして、私の所へ来なさい」と伝えます。

翌日、言われた通り行くと、壺公は「私について来なさい」と壺に入っていきます。費長房もおっかなびっくりそれに続きます。

狭いと思っていた壺の中へ入ると、そこは広大無辺な世界が拡がっていたのです。まさに桃源郷、庭には泉がわき美しい花々が咲きみだれており、りっぱな御殿では美女が迎えてくれます。この世のものとは思えないようなごちそうと酒のもてなしもしてくれます。

次の日、費長房は「このことは誰にも話してはいけない」と約束させられます。実は壺公は仙人だったのです。ある失敗を犯し、しばらく人間界での修行をいいわたされていたのです。その期限も過ぎ、再びもどれることになった壺公は、友人費長房をこの仙界に一度だけ連れて来てくれたのです。仙術の修行もさせてもらいました。十日間ほど、ここにとどまりまた人間界へ帰ったのです。帰ってみると、周りの者が皆びっくりしています。ゆくえ不明でもう死んだと思っていたのです。費長房は十日と思っていたのですが、この人間界では十年の歳月が達っていたのです。日本の浦島太郎のような話です。
「壺中」とは理想の世界です。「日月長し」とは、このような所にいたのなら、時間的な長短など感じなくなる、ということです。

なぜ現実を見つめることをいう禅が、このような言葉を持ち出したのでしょうか。私はこれはおとぎ話でも夢物語でもないと思います。

ある日本の若者が「現代のブッダ」を探しに行くと旅に出たそうです。あの広いインドを始め、東南アジアの仏教国、そしてヨーロッパまで足をのばしたそうです。何年もかけ世界中を巡りましたが、ついに自分の理想の人にはあえません。ガックリと家に帰り、一息ついていると奥の仏壇の前でおばあちゃんが手を合わせ祈っております。その姿を見て「ああ、ここにブッダがいた」と思ったというのです。

また、人間不信になった人がいました。その人は、人里離れた山奥にこもりました。すると落ちついたというのです。しかし、ずっとそこにいては生活できません。再びまた街にもどると元にもどってしまったといいます。

これらの話から皆さんはなにを感じるでしょうか。私がいいたいのは逃避では、根本的解決にはならない、ということです。世間でも今、「癒し」ブームであるといいます。街中でも、それを謳ったカンバンを目にします。それにクレームをつけるつもりもありませんが、一時的なものでは、真の実力とは、いわないということです。

仏教では「安心《あんじん》」といいます。壺中というのは、仙人が住む世界ではなく、現実の我々が生きているこの場所です。雑音にまみえたきたない狭い我が家です。

「私さえよければいい」というようなエゴを消し去った先に見えてくるのが、壺中です。

自由自在の心のコントロールができるようになれば、全ては桃源郷です。いつでも心の故郷へたち帰ることができるのです。

これがいかなる時、所でもできることこそ日月長しです。これこそが永遠にということです。

我々禅僧は、自分の内側を見ろとよくいいます。そのことのみによって、周りに流されない真の実力、永遠なる安心を得ることができると信じます。

茶室は、一般的に狭い空間といわれます。その狭い空間の中に別天地、大宇宙をを見るのです。大宇宙の中では、我々は本当にちっぽけな存在です。しかしそのちっぽけな存在の自分の心は、悠久の時間と広大な世界に遊ぶことが許されているのです。〈この大地は私の庭〉と言えるくらいに修行をしたいものです。

「壺中日月長し」忘れてはいけない言葉です。

五帝三皇是何物《ごていさんのうこれなにものぞ》

▼人生の気概

この語は『碧巌録』の第三則「馬大師不安」の頌に登場します。

——日面仏　月面仏《がち》
五帝三皇《のう》是れ何物ぞ
二十年来曾て苦辛す
君が為に幾たびか下る蒼龍の窟——

「日面仏、月面仏」は、馬大師（馬祖道一禅師）が病気の折に、人にその様子を聞かれ答えた言葉です。日面仏は千八百年の長寿の仏様、月面仏は一日一夜の短命の仏様。今日の仏、永遠の仏とでもいいましょうか。五帝三皇とは、中国古代からいわれる理想の皇帝。蒼龍の窟は、恐ろしい龍の住むほら穴。

人間、いつ死ぬかわからない。どんな偉い人でも量り知ることのできない命です。

だったら、それを超越する大安心、悟りを得ることしかない。そのために二十年もの間、龍も住むというような所へ行くまさに命がけの修行もしたのだというのです。簡単に「五帝三皇是れ何物ぞ」と聞けば、傲慢な気がします。しかしそれは、それほどの勇気と自信を持てということだと思います。

自信と謙虚、厳しさと優しさは表裏一体だと私は考えます。

紫野大徳寺には、大徳寺開山大燈国師と花園天皇の問法書が残されています。時の天皇が「仏法（大燈）とは不思議だ。王法（花園）と対等だというのだから」と強くせまったのです。それに対し大燈は、「そっちこそ不思議だ。仏法と対等だと思っているのですから」と返したのです。国師の高峻な禅風をうかがい知るような話です。しかし国師は、王法が下だと言っている訳ではなく、その価値観でなく、無執着、心の自在に捕われの無いことを言っているのです。世の論理や拘束を捨て去った自由な境地です。その境地の一つの表現が「日面仏月面仏」ともいえると思います。

馬大師には、いくつかのおもしろい逸話が残されています。

師の南嶽禅師は、ある時馬大師の庵の前に来て、瓦をゴシゴシと磨きはじめました。その音に馬大師は気づき、表に出てきて尋ねます。

「何をしているのですか」

「瓦を磨いている」

「磨いてどうなさるおつもりですか？」

「鏡にしようと思う」

「瓦を磨いても、鏡にならないでしょう」

そんな会話の後、南嶽禅師はいいます。

「お前さんは何をしている」

「坐禅しています」

「坐禅して何になる？」

「仏になろうと思います」

「瓦を磨いて鏡にならんなら、坐禅して何で仏になれる？」

「だったらどうしたらいいのですか？」

「牛車が動かない時、車をたたくか、牛をたたくか。いくら車をたたいても牛は動かん」

なんとも含蓄のある言葉です。坐禅というワクだけにとらわれてもいけないのです。心をみることに本質があるのです。

またこんな話もあります。

修行を終え、馬大師は故郷へ帰ろうと考えます。その時、師の南嶽禅師はそれを止めたのです。故郷へ帰ると昔のお前しか知らんから、今のお前の価値がわからないというのです。あの孔子先生ですら、孔子を慕う人が先生の生家を訪ねたら誰も知らないという。なおあれこれと説明すると「ああ、あの東の村の丘のことか」といわれたというのです。なんとも人間くさい話だと思います。今はお寺もほとんど寺の子が後継者になることが多く、私のようにまったく育った街と違う所へ来るのは珍しいぐらいです。出身地へ帰る寺の子も大変だなあとも思うのです。どんな所にも長所もあれば短所もあります。

それぞれの立場、立場で不平をいえばきりがありません。そんなことも考えさせられる話です。

また千利休と豊臣秀吉の関係も想い起こします。茶を庇護した秀吉がなぜ利休に切腹を命じなければいけなかったのか。それには、多くの理由がとりざたされています。利休居士の号の意味「名利共に休す」（名誉も利益も共に断ち切った清々しい心）に、その死にざまの因縁を感じます。死にざまとは、まさにその人の生きざまでもあります。時には権力にも屈しない精神力、生死を超えた消息。命ごいなどせず、あえて死を選んだことが私は茶道が現在まで生き続ける命脈だと思うのです。

「以心伝心」　「教外別伝」

心でもって心に伝える。教えの外に別に伝えるものがある。茶道が禅といわれる由縁です。「五帝三皇是れ何物ぞ」、忘れてはいけない心です。

電光影裏斬春風《でんこうようりにしゅんぷうをきる》

▼切れのある人生

夏目漱石が禅を学ぼうとしたことは、知られています。その漱石の『我が輩は猫である』の中に、「なんでも昔の坊主は人に切りつけられた時、電光影裏に春風を斬るとか、なんとか、しゃれたことを言ったという話だぜ」という文が出てきます。

その漱石が修行した鎌倉・円覚寺の開山・無学祖元禅師が言ったのが、この語です。

中国南宋の末期に誕生した祖元禅師は、径山の無準禅師に弟子入りし、その法を嗣ぎました。特に禅定に入る深さは他を圧倒し、三日三晩、微動だにしなかったため、周りの僧は師が死んだのではないかと思ったほどだったといいます。

当時、元（モンゴル民族）による中国への侵略が進み、その乱暴狼藉ぶりは目にあまるものがありました。

祖元禅師も弟子達と共に、寺を転々とするような状況でしたが、ついに温州能仁寺に至った時、元軍が寺に攻め入ってきました。

寺は混乱に陥り、逃げまどう僧達の中、禅師一人どっかりと坐り、泰然自若。動ずる気配はありません。

取り囲んだ元兵の一人が大刀を、師の首につきつけ、「坊主、起て！」と怒鳴ったといいます。

禅定を説いた禅師は、一編の漢詩を唱えます。

——乾坤、地として 孤筇《ここう》を卓する無し

喜び得たり、人空、法も亦空

珍重《ちんちょう》す大元三尺の剣

電光影裏に春風を斬る——

その禅師の姿に、兵士は恐れおののき、そそくさと退散してしまったというのです。

「孤筇」とは、錫杖、ツエのことです。

訳を記します。この大地は、ただ一本の杖を立てる場所もないほど、あなた方、元のものです。そんな中、私は喜ばしいことに人も空、全てが空であることを知っています。だから、執着のない私を斬るといっても、稲妻がピカッと閃く間に春風を斬るようなもので、味もそっけもないですヨ。それでよければどうぞご自由に。

一切は皆《みな》、空。あらゆる物は、自然の働きの中で「縁」によって集まり表われ、「縁」つきれば分散していくのです。まさに祖元禅師の生死を越えた境涯（心境）を述べたものです。

仏教で誤解されていることの一つに「輪廻転生」があります。元々仏教では、死すればなにもないと言っているのです。

お釈迦様は、「死後のことを語るな」と言われたのです。ですが、なぜ今このように思われているかといえば、それは、インドのバラモン教（今のヒンズー教）にある教えが、いつの間にか仏教の中でも語られるようになったのです。

日本では、身分制度の厳しかった時代に、盛んに庶民に語られ浸透していったのではないかと私は考えています。

仏教の立場は、こういう現象を見定めた上に、死という現実を受け止めていかに人生を歩むかということです。

「生死《しょうじ》」を考える時、私は石田三成を想います。関ヶ原の戦いで敗れた西軍の将、石田三成は逃亡しますが、潜伏中に生け捕りにされます。

武士でありながら、自刃もせず脱出したのも、秀吉の恩義に報いるため、最後の最後まであきらめず、その機会を窺っていたからでしょう。

大坂に送られた三成は、刑場のある京都へつれてこられます。処刑の日、堀川出水から一条の辻、室町通りを経て寺町に入り、洛中を引き回され、六条河原に着いたといいます。

途中、三成はひどく喉がかわいたため、「湯がほしい」と言ったといいます。警護の役人が「湯はないが、ここに干柿があるから食されよ」と言うと、三成は「干柿は痰に毒だから食さぬ」と断りました。鼻で笑う役人は、「いま首をはねられようとする者が、毒なものを食べないというのはこっけいな話だ」と言うと、三成は猛然と「大義を思う者は、最期の瞬間まで一命を惜しむ。なんとかして本望を達せんと思うからだ」と言ったと伝えられています。三成の遺骸は、帰依した春屋和尚により大徳寺三玄院に葬られました。

禅から得た「生死を明らめた」この二人の死の立場を違います。しかし、その生きざまに私は「春風を斬る」想いがします。

ちなみに、祖国宋の滅亡に日本に渡った無学禅師は、時の執権北条時宗に禅を伝えました。そして、二度の元の襲撃を時宗をして、大敗せしめたのです。

「春風を斬る」――しゃれているどころではない深い言葉です。

天上天下唯我独尊《てんじょうてんげゆいがどくそん》

▼本当の自分を活かす

四月八日は、仏教徒にとって大切な日とされます。「降誕会《ごうたんえ》」「灌仏会《かんぶつえ》」またの名を「花祭」、要はお釈迦様の誕生日祝いです。

「長阿含経」などに出てくる説で、ヒマラヤの小国釈迦国の王子として生まれたお釈迦様。父は国王スッドーダナ、母はマーヤといい、二人はなかなか子宝にめぐまれませんでした。しかしある日、マーヤ夫人は六本の牙を持つ白象の夢をみました。白象は大変ありがたいものとすることから、これは吉報と喜ぶと、ほどなく懐妊したのがお釈迦様です。

臨月になり夫人は実家であるデーヴダハ城に出産のため向かいます。しかし途中のルンビニで休息している時に、産気づき出産。

天は王子の誕生を祝福し、八大龍王が甘露の雨を降らせたといいます。これが甘茶の由来といわれています。辺り一面は砂漠であったのに、ルンビニは花が咲きほこる場所でした。

お釈迦様は、マーヤ夫人の右の腋の下から生まれ、生まれるとすぐ立ち上がり七歩歩き右手で天、左手で地を指し「天上天下唯我独尊」といったということから、花祭で甘茶をかける仏像はその姿（誕生仏）をしています。

思わず、「そんな訳ないやろ」とつっこみたくなる話です。そこで「仏法に不思議なし」を標榜する禅宗的解釈を私なりにしてみたいと思います。

まず人間が右の腋の下から生まれることはありません。当時の人の言いつたえでは、右腋から王族、左腋からバラモン（平民は足から）が生まれるということが、まことしやかに語られていたのです。つまり釈迦が王族の出自だとアピールするための表現です。

また右手左手の姿はバタバタ動いていた一時の動作。伸びをして体をまっすぐに伸ばしたので横に寝ている姿が立っているように見えました。生まれたばかりの赤ちゃんは、「オギャー」としか言いません。しかしその泣き声が辺り一面にとどろいたので「天上天下唯我独尊」（比べるもののない尊い命）と叫んでいると周りの人には聞こえたのです。

七歩とは、後の創作で「六道」（地獄・餓鬼・畜生・修羅・人間・天）を越えたという意味合いを含ませたものでしょう。

ルンビニは花が咲いているということから、日常から雨が降りやすい地域だと思われますし、砂漠をずっと歩き続けてきてやっと雨に巡り合えば、その水はまさに甘露の味がしたということなのだと……。

こんなことをいえば夢もなにもないといわれそうですが、私にとっては人間釈迦だから、あそこ（究極の悟り）までいってすごいと思えますし、仏教というものに生きがいを感じられるのです。だからあえて言わせていただきました。


仏教は花の宗教です。まずこの降誕会はルンビニという花園です。成道会（十二月八日、悟りを開いた日）は、菩提樹の花の下、涅槃会（二月十五日、亡くなられた日）は沙羅双樹の花の下、伝法（教えを伝える）には「拈華微笑」。そしてなにより仏教の大願は「心華開発」です。

「天上天下唯我独尊」を「この大宇宙で唯、我一人だけ尊い」と誤解する人がいますが、そんなゴーマンな話ではないのです。この地上の中で、自分のかけがいのない尊い命の自覚。現在・過去・未来という時間の中で、今の自分は今しか存在しないのです。だから精いっぱい生かさなければいけないのです。病気であろうとなんであろうと。

先日、地方の行政の長が、障害者は、医療のゆきとどかない時代はなくなり、それが進歩したために生きられるようになってしまった、動物の世界でも弱肉強食があるのだから、もっと淘汰されてしかるべきだ、というようなことを言い、猛烈な抗議を受けているニュースを見ました。

こういう考えの人が、行政の長をやっていること自体に私はある種の恐ろしさを感じました。この人は、今を生きていません。こんな所で過去と現在を並べています。過去を反省して、改善するならいいですが、この人は改悪をしていると。

ある雲水（修行僧）が大徳寺の開山大燈国師の師、大応国師に「如何なるか天上天下唯我独尊」と尋ねると、国師は「人々のために尽くすことだ」と答えたといいます。また別の雲水が「釈迦生誕の史実は別として釈迦は今、何処に……」というと「看脚下」（脚もとを見つめよ）と。どこに眼をつけているのか、ウロウロするな、お前自身そのものではないか、ブレるなよと。

先日、ある団体で花祭の甘茶をふるまいたいというと「アルコールはだめです」とあぜんとする答えが返ってきました。甘茶は酒ではありません。ユキノシタ科の落葉低木、その葉を煮出した甘い飲み物、漢方薬局にいけば売っています。

そこでまずは甘茶から教えてあげなければいけません。「天上天下唯我独尊」を人に伝えられるのはまだまだ先。花祭をもっとアピールしなければいけないと反省する出来事でした。

ものの見方のコツ

知足《たるをしる》

▼心の切り替え

京都の龍安寺のつくばい「吾れ唯、足るを知る」の語は、言葉遊びのようでなかなか考えられているな、と感心します。

『遺教経』や『法句経』など、数多くの仏教文献にこの『知足』の文字は、登場します。また、老子や荘子など儒教の方でも「足るを知る者は富む（老子道徳経）」と強く語られています。『法句経』という経典は、短い詩の生活訓のようなもので、非常にわかりやすいものだと思います。

——わずらひなきは　第一の利
足るを知ることは　第一の富
信頼を持つは　第一の親族
涅槃こそは　安楽である——

「わずらひなき」とは、元気で健康であるということです。まさにこれに勝る利はありません。「足るを知る」とは、分を知るということです。自分を客観的に第三者が見る目のように判断できたら、これ以上の富はないというのです。欲をかけば、必ず失敗するのが人間です。

自己を空じ、人のために生きる。そこには自然と良好な人間関係が生まれ、「信頼」を得るようになります。

「生かされている自分」に気づく時、利害関係などにこだわらない大らかな人柄ができあがっていきます。

自分のためになることが、そのまま他人のためになっている、そういう環境サイクルが構築されれば、まさにそこは極楽浄土で「安楽（心の平安）」の世界だ、というのです。

なんか理想論をいう道徳の話みたいになってしまいましたが、こういう心の転換によって「人生の達人」となった人を私は知っています。

彼の名は、鈴木啓之さんといいます。キリスト教の牧師さんです。十七歳で暴力団に入り、一つの組の組長までしていた人です。一時は「関西若手ナンバーワンの博徒」とまで呼ばれていました。ニコニコしている彼を見るとそんなことはまったく気づきませんが、ちゃんとその名残りとして左右の指、数本は無く、全身には入墨が入っています。あることをきっかけに、彼は同じ組織の仲間から命をねらわれるようになります。地獄の逃亡生活に入るのです。

当時、彼には韓国から出稼ぎに来ていた奥さんと生まれたばかりの子供がいました。それなのに、彼はそれらは足手まといになると、連絡もせず、しかも御丁寧に違う女性までつれて逃げたのです。ただただ、自分一人助かりたい一心で……。

奥さんはどれだけ苦しみ、どれだけ傷ついたでしょう。彼女は、キリスト教の教会にその救いを求めました。宗教を最後の砦としたのです。

一方、東京へ逃げた彼は、酒や麻薬におぼれ、猜疑心の固まりとなり、自分をまったくコントロールできなくなっていました。一緒に出てきた女性も信用せず、追いだし全てを人のせいにしたのです。人づてに妻が教会にかよっていると聞くと、「あいつが俺をのろって祈っているから、こうなったんじゃないか」と思ってみたり、本当に救いようがありません。関係ない東京の教会にどなりこんだりもしたようです。牧師さんは、時間をかけ諭したといいます。

そんな中で、少しずつ心の変化が起きてきました。「生きるすべを無くし、かといって死ぬ勇気もない。だったら、あるべきはずもないもの（神）があってもいいんじゃないか、信じてみてもいいんじゃないか」と。彼は妻のいる関西へ帰ります。自分の命をねらっている人間がゴロゴロいる、そんな場所へ。

家の近くまで行きますが、なかなか一歩が踏み出せません。公衆電話の所で、数時間ダイヤルを回しては、切ることを繰り返したといいます。そしてついに意を決しつなげると、無言の自分に妻のなつかしい声が聞こえたのです。

「あなたでしょう。帰ってきて。いつまでも待ってます！」

自分の耳を疑ったといいます。そしてたまらず家へ飛び込んでいくのです。するとそこには、韓国にいるはずの妻の母親がいました。戦争の時には、国をむちゃくちゃにした日本。そんな日本の人を娘は好きになった。がまんして嫁に出せば、その娘をさんざん苦しめ、孫まで犬・猫の仔のように捨てた……。絶対許すことのできないはずの日本人の彼に、涙をうかべ母親は言うのです。

「パンモゴッソヨ（ご飯食べたか）」

この一言がまさに彼をしっかりと気づかせるきっかけとなったのです。

牧師となった彼は、沖縄から北海道まで十字架を背負い歩きました。また半生は「親分はイエス様」という映画にもなったのです。

「自分は弱い人間で、結局何かに依存しなければ生きられない。だからイエス様を自分の親分にしたのです」

足ることを知った彼の一言です。

大道無門《だいどうむもん》

▼そこに気づけるか

『無門関』序の最後の一節に出てくる語句です。禅という仏教の大道に到るには、特定の入口だけでなく、自分の好きな所から入ることができるというのです。

ちなみに「仏教」という言葉は、近代になって多く使われるようになった言葉であって、昔は「仏道」もしくは、「仏法」というのが一般的だったようです。私は今回、この語の中でも「道」という字に注目します。

「みち」と「どう」とどう違うのか？

「みち」といえば道路もそうですし、人生行路もそうです。書家などの書く「道《みち》」は、広く人生というものに対していっているのだと思います。

また禅僧の書く墨蹟の場合、多くのものは「道《どう》」と読むことが多いのです。いうならば「何か一つのことに努力精進し究めていく中で備わってくる精神性」を「道《どう》」というと。

なぜこんなことをいうのかといえば、「朝青龍」のことが話題になったからです。「相撲」は「相撲道」といわれるからです。評論家やマスコミ報道の方々も、いろいろなことを言われていました。ア！　今、気づきましたが報道も「どう」なんですネ。ここにも「精神性」があるということなのでしょう。

話がそれてしまいました。もどします。「相撲」は国技だから他のものと違う、「横綱」は技術以上に品格が大切だ。相撲協会は、公益法人なのだから巡業には、義務と責任があると言った方もいました。

「道《どう》」とつくものには他にも「茶道・華道・柔道・剣道・香道」などなど。やはりここで大切なのは学ぶそのことだけでなく、公益性ということだと思います。専門的技術だけでなく、人の役にたっているということです。

公益法人には、税制面の優遇があることは皆さんもご存じでしょう。お寺も宗教法人という一つの公益法人です。「坊主、丸もうけ」なんて言葉もここから言われるのでしょう。

私にとって身近な寺の例をとって話します。

現在、お寺の主たる仕事は、お葬式と法事です。しかしこれだけをやっているとしたら、それは寺並びにそこに出席した家族、個人のためだけのものでしかありません。これは公益といえるでしょうか。私は反対の私益でしかないように思うのです。

「お寺は文化の継承に役立っている」という反発も返ってきそうです。しかしそれでは、「法律にのっとってやっている」というどこかの大臣の弁明と変らないのではないでしょうか。それだけでは足りない。もしなにもしないで税制面の優遇だけを受けているとしたら、それは詐欺行為です。

また学校法人というのも公益法人です。昔のお寺は、寺子屋をやったり教育や道徳に大きな力を発揮していました。しかし時代の流れの中で、各種相談は医者や法律家などの専門家、仕事の分業化が進みました。そうした中で坊さんに残された最後の仕事が、お葬式だったのだと思います。

今、子供の父母の身勝手な振い（給食費の未納や理不尽な教師への要求など）が取り沙汰されています。これは対岸の火事ではありません。

昔は大学まで行く人は、多くはありませんでした。だから多くの宗教家は、学校の先生になりました。それが今や大学全入時代ともいわれています。公務員は人気の仕事です。坊さんも学校の先生には、そうそうなれなくなってきました。

一昔前、学校の先生始め各種教室の教師、僧侶などは尊敬の対象でした。しかし現在は、知的水準は一般の人々の方が対等、もしくは上です。その影響は、政治家にまで波及しているぐらいです。

「霞を喰って生きる」などと理想を言っているのではありません。しかし危機感を持ってほしいのです。姿勢を正してほしいのです。

「人の為」と書いて、偽りといいますが、しかしもう一歩踏み込んでいうと、全ては自分自身の修行のためになるのだから偽善でやっているというぐらいの謙虚さ、そしてその自覚を持って人に接しなさい、ということでもありましょう。

インドで出来たお経に対して、中国で創られたお経を「偽経」といういい方があります。これはお釈迦様が直接語られた言葉ではないが、お釈迦様が今生きていればこう表現したであろうというものです。人を正しい方向性に導くものであれば、そこに「ウソも方便」もあります。

ただ私達は、つねにその原点を見つめ直しながら、時代を歩んでいかなければなりません。そうしなければ、永遠に続く真理となる「道《どう》」にはならないのです。

「初心忘るべからず」。千利休は「稽古とは一より習ひ十を知り十よりかへるもとのその一」といいました。技術の向上も、また生涯修行という意識の上にたつものだと思います。「大道無門」とは、やさしくも奥深い言葉です。

以和為貴《わをもってたっとしとなす》

▼人間の本質とは

「継続は力なり」といいます。私のつたない修行体験より感じることをいえば、努力と成長は正比例ではないヨ！　ということです。小さな成長の日々の努力の中で、突然飛躍的に伸びる時がくるということです。それは突破口といってもいいし、分岐点、悟りと呼んでもいいと思います。それを信じ、また知らせ伝えることが「挫《くじ》けさせない」コツが有るのかと思います。

「挫ける」という字は、扌（てへん）に坐です。これは、「坐禅お手上げ」からきているのかナ、などと、ふといやなことを考えてしまいました。

「和を以て貴しと為す」は、言わずと知れた聖徳太子「十七条憲法」の一文です。『礼記』などにも見られますが、「和」は仏教の基本精神「和合」でもあります。また一般社会でも重要なことは言うまでもありません。しかし最近、手前勝手な解釈が多くなってきているような気がしてなりません。

まず親子関係です。子供から見て、「つごうのいい親」「ものわかりのいい親」「友人親子」が多くなってきているということです。

親と同居する働きもしない息子と彼女を一緒に住まわせ、母親はその彼女の世話までする。夜中の街を徘徊する少女を補導してみれば、一週間家に帰らなくても親はなにも言わないという。「携帯電話さえつながるようにしておけばいい」と親は言ったといいます。親に注意すれば「人の家庭に口をはさむな」とか「波風をたてたくない」という言い分。

「親」という字は、「立木の上から子を見守る」姿を表しているのです。当然、そこには義務と責任があり、自由と節度を教える態度があるのです。

立＋木＋見＝親

「十七条憲法」には、「忤《さから》ふること無きを宗《そう》と為《せ》よ、人みな党《たむら》あり」と続きます。「さからう」とは、親が子にさからうとはいいません。子が親にさからうのです。子は、人間として未完成です。だから指し示し教える。それが指導です。ですからこれは、当然親が学校に関係なくすべきことです。躾《しつけ》を学校に押しつける、これは根本から間違っているということです。

総理が変わり政治の世界では、「派閥政治」に逆行しているといいます。しかし聖徳太子の時代、すでに人間は党（グループ）をつくるものだと言っているのです。いつの時代でも人がいれば、自然と派閥をつくるのだと、それが人間の本質なのだと。組織が大きければ、そこにいろいろな弊害が生まれてきます。だから「派閥解消」が叫ばれたのでしょう。そしていろいろな手がうたれたけれど、やはり解消には到らなかった。これはやはり、人間の本質だからでしょう。

蘇我氏と物部氏の争いと現在の権力闘争はなんら変わることはないのです。ならばどうすればいいのか？

変えられない人間の本質にいたずらに苦しむよりも、多少の利害にとらわれず全体を見渡した調和を大切にすること。それを太子は言いたかったのだと思います。

豊臣秀吉にこんな話があります。

日本一の出世をとげた秀吉にある者がたずねました。

「太閤は大変なご出世をなさって、さぞかしお若い時から、世間の人々とは違ったお心がけをなさっていたことと思います。いったいどんなお心がけで太閤様になられたのでしょう」

すると秀吉は、

「わしは太閤になろうなどと思ったことは一度もない。ただ足軽の時は、一心によろこんで足軽の務めをはたしただけだ。するといつのまにやら士分（武士）になった。士分になった時には、またよろこんで一心に士分の務めをはたしたのだ。するといつのまにやら大名になった。大名になったからには、ますますはげんで大名の務めをした。そうしたらいつのまにやら天下を取ることになり、太閤にまでなってしまったわけだ。だから一度も太閤になろうなどと心がけたことはない」

私がいいたいのは、その「持ち場持ち場で一心」ということです。「一心」とは「あるがまま」に見るということであり、そしてそこでなすべきことをなしていくということです。

自分だけの得だ損だなどと短絡的にものごとを都合よく解釈するのではなく、いっときだけのとらわれでものを見ないでくださいということです。とらわれが、真実を見失わせ、正しい判断ができなくなり、事をあやめてしまうということです。

全体を見て、あるがままに務めることの中にこそ「和を以て貴しと為す」ということのポイントがあるのです。

「門松は冥土の旅の一里塚」と一休さんはいいます。一休さんではないですが、日々気をひきしめなおして過ごしていきたいと思います。

諸行無常《しょぎょうむじょう》

▼時間を活かす

いわずとしれた『平家物語』冒頭の「祇園精舎の鐘の声　諸行無常の響あり」でも有名な言葉です。諸行無常とは、全ての営みは常ではないということですが、『涅槃経』にその出典をみることができます。

昔、ヒマラヤに雪山童子という一人の修行者がいました。ひたすら悟りをひらきたいと山奥にこもり、あらゆる苦行に励んでいたといいます。そんなある日、どこからともなく「諸行無常、是生滅法《ぜしょうめっぽう》」という声が聞こえてきました。万物は常に流転して、何一つ常なるものはない、これが生死《しょうじ》の法であるというのです。

雪山童子は、大変なショックをうけます。これこそが真実の言葉であると。誰が語ったのかとあたりを見まわすとそこには、恐しい姿をした羅刹《らせつ》(鬼) しかいません。

童子は願います。もしその続きがあるのなら、ぜひ教えて下さい。それこそが私の求めていたものだからと。すると羅刹は「自分は腹がへった。どうしようもない。もしお前を食べさせてくれるなら、後の偈《げ》を教えてもかまわない」といいます。

童子は一大決心をし「それでもかまわない」と答えます。ではと羅刹は教えます。

「生滅滅已《しょうめつめつい》、寂滅為楽《じゃくめついらく》」

生死の法とは、即ち生じたり死したりするその法を滅してしまえば、そこに大安楽、悟りというものがあると。

童子は心からの安心《あんじん》を得、その偈を岩に書き残すと、羅刹に身をまかせます。そしてまさに羅刹が童子をくおうとしたその瞬間、羅刹は帝釈天（仏教を護る仏天）に姿を変え、童子を抱きかかえたというのです。童子とは、お釈迦様の過去世の姿だったといいます。我が身を捨ててまで真実を求めようとした求道者の姿がそこにあります。

禅宗では葬儀の折、『剃髪偈《ていはつげ》』というのを唱えます。その中に「究竟寂滅《くぎょうじゃくめつ》　究竟安楽」とあります。死した後にでも安楽へと導く仏教の慈悲がここにあると私は思っています。

仏教者の集いで「成仏」をテーマにした話し合いに出席しました。その席である禅僧が「我が宗門は悟りをひらくことを説く宗派であるから、生きているうちに成仏するのだ」といわれました。同じ宗門人として反論するのはどうかと思いましたが、私はあえて言わせていただきました。宗門の根幹にかかわることだと思ったからです。

「世の中には、坐禅したくともできない体の人もいる。また、そういう縁に触れえない人もいる。これらの人が救われないのであれば、それは大乗仏教（皆を救う仏教）ではない。だいたい、だったらなんのために葬儀を行うのか。こういう人に成仏してもらうためではないのか」

慈悲の仏様といわれる観音様は、あらゆる人を救いとるという願いをもたれた。生きているうちに救われたならそれはすばらしい。しかし残さず救いとっていくということにこそ、仏教葬儀の意味はあると。

一休和尚のように——始めなく終りもなきに我が心　生まれ死するも空のくうなり——といえる方は、ほっといてもいいのです。

それ以前のわからない人のために、葬儀が必要なのです。沢庵和尚が、自分には葬儀はいらないといった真意もそこにあるのです。なにも知らず葬儀をする僧侶を私は心配します。

さて、話がそれてしまいましたが、この雪山の偈を日本語にしたのが「いろは歌」だといわれています。

諸行無常　色は匂へど散りぬるを
是生滅法　我か世誰ぞ常ならむ
生滅滅已　有為の奥山今日越えて
寂滅為楽　浅き夢見じ酔ひもせず

日本人は、昔「かな」を学ぶその時点で、「諸行無常」の心に触れていたのです。

先般、若くして亡くなったお父さんの葬儀にうかがいました。突然の心臓発作で亡くなってしまったのです。そこに今風ともいえる息子さんがいました。

式中ずっとふてくされていて、その姿は「おやじ、勝手に死にやがって」という態度に見えました。式は終わり、最後に花をたむける時です。ポケットに手をつっこんだままの彼は、最後の最後に棺の中の父親の顔をジッとのぞきこんだのです。しばらく見ていた彼は、その父親の口に自分の口をつけたのです。私は瞬間、鳥膚がたち感動したのです。身内の死は、まさに「諸行無常」をなにより体感する時だと思います。その彼の姿に、彼はもうだいじょうぶだと私には思えました。

雪山の偈の第一句が「諸行無常」なのは、そこから人生を考え模索する第一歩が始まることを表しているとも思えたのです。安心へのスタートだと。生きて生き抜いて死ぬために。

「諸行無常」です。

庭前柏樹子《ていぜんのはくじゅし》

▼真実とは

『無門関』三十七則の語です。

一人の僧が趙州《じょうしゅう》和尚に問います。

「如何なるか是れ祖師西来意《せいらいい》」

禅問答、定番の一句です。「祖師」とは達磨大師、その達磨大師が西のインドから中国へ来られたのはなぜか、その真意とはとの質問です。そしてさらにいえば、「禅とは、仏とは、悟りとはいったいどういうものなのか」ということです。

それに対し、趙州和尚は「庭前の柏樹子」と。庭先の一本の柏槙の木であるというのです。

『趙州録』をみると、さらにこの話の続きが出てきます。

「和尚、境《きょう》を将《も》って人に示すこと莫かれ」

外のもの（境）ではなく、心の中のもので答えて下さいと。趙州は答えて

「我れ境を将って人に示さず」

私は決して心の外のもので答えてはいない。再び僧は問います。

「如何なるか祖師西来意」

趙州、また「庭前の柏樹子」と。

禅はよく「知解分別するな」といいます。頭で分析し、理論で物事をみることをやめよというのです。無心でみろというのは、このことです。

京都妙心寺の開山、関山国師は「柏樹子の話《わ》に賊機あり」といいました。この問答には恐しい山賊のような機《はたら》きがあって、あらゆる執着や分別心、煩悩を根こそぎ奪い取るというのです。「言語道断」とは、こういうことをいいます。

黄檗宗を開いた隠元禅師は、江戸時代中国明より日本にやってきました。日本の禅をためすため、妙心寺にも来ました。その対応に、愚堂和尚が出たといいます。

「開山様の語録（言句を集めた書籍）を拝見したい」

「語録は一つも残されておりません」

「語録なくして、何で開山といえるのか」

「語録はありませんが、ただ『柏樹子の話に賊機ありの語』があります」

隠元禅師は、この一言に驚き「この一語、百千万巻の語録に勝る」と恭しく礼拝し去ったというのです。

昭和の名僧・山田無文老師も妙心寺の方ですが、無文老師の若かりし日の話があります。

老師は初め法律家を目指し、愛知県より東京へ出ます。しかしある機縁から、仏門に入ることを決意します。修行に入ってみると、あまりの厳しさに体を壊し結核になってしまいました。結核専門の病院へ行くと、手のほどこしようがないと見放され、再び実家へ帰されてしまいます。実のお兄さんもまた結核にかかっていましたが、まだ程度が軽く、長兄ということもあり兄だけ入院しました。

二十歳の徴兵検査には、杖をついて行きましたが、身長と体重だけ測ったところで「用はないから帰れ」と言われました。当時の老師の体重は、三十七キロでした。

医者、家族、国家からも必要のない人間と見なされながら、一人部屋で寝ているだけの生活。母は兄のつきそい、父は部屋をのぞくこともない、友人も一人も訪ねてこない。当時の結核は、不治の病といわれ、結核患者のいる所は、誰もが避けて通ったという頃の話です。

ただただ、自分が死ぬのを待っているという生活が二年続きました。

そんなある日、たまたま気分のいい朝を迎えます。なんとか縁側まで這い出し、庭の南天の花が咲いているのを見ます。風に揺れています。ああ、こんな気持ちのいい風に吹かれるのはいつだっただろう、などと思っていると、ふと「風とはなんだったかな、空気が動いて風になるのだったな」と学校で習ったことを思い出します。

そしてその瞬間「空気というものがあったのだ」とあらためて気がついたというのです。生まれてからこれまでずっと、この空気が休まず自分を生かしてくれていたのだと。

「空気といえばそれまでですが、そのときわたくしが感じたのは、神とも仏ともいえるような大きな存在でした。一分間も一秒間も離れずに、私を育ててくれている大きな力を感じたのです。目には見えないけれど、その大きな力が、治れ治れ、生きろ生きろ、と励ましてくれておるのです」

「大いなるものにいだかれあることを

けふふく風のすずしさをしる」

この時、老師の詠んだ句です。その後、結核は完治し、八十八歳で世を去るまで老師は多くの人々を導きました。

禅は頭でなく、心で感じるものです。無心に物事をみた時、庭先の木でも、風にも悟りは面前にひろがっているのです。「庭前の柏樹子」とは、それを示す深い一句なのです。

八角磨盤空裏走《はっかくのまばんくうりにわしる》

▼発想のヒント

なにか未確認飛行物体のことでも言っているような言葉です。これはいったいなんのことを言っているのか。『碧巌録』などにも登場する言句ですが、なんと言っても日本で知られるようになったのは、後の大徳寺開山となられた宗峰妙超《しゅうほうみょうちょう》禅師（大燈国師）がまだ若かれし時に述べたことによります。

今も大徳寺に語られる「正中《しょうちゅう》の宗論《しゅうろん》」というのがあります。鎌倉時代も末期を迎え、臨済宗はめざましい発展をとげました。当時まだ新興であった禅に対し、旧仏教、特に天台宗の比叡山延暦寺、南都六宗の奈良の興福寺、真言宗京都東寺は、おもしろいはずがありません。

そこで時の天皇、後醍醐帝にその優劣を宗論で決しようと上訴したのです。そしてその上訴は何度もくり返され、ついに正中二年（一三二五）一月二十一日、宮中の清涼殿においてそれが実現したのです。それが「正中の宗論」です。延暦寺の玄慧、東寺の虎聖、南都の阿一和尚ら当時の碩学・宗派を代表する高僧が集まりました。対して禅宗の方は、南禅寺の通翁鏡円《つうおうきょうえん》禅師と宗峰（この時は、南禅寺で修行中）が出向きました。この宗論は、七日間におよび結局、その軍配は禅宗側に上がりました。

延暦寺の玄慧は「如何なるか教外別伝（教えの外に本来伝えるべきものがある）の禅」と問うのに対し、宗峰は「八角の磨盤、空裏に走る」と答えたのです。それがあまりにも突飛なものだったため、玄慧は言葉を失ったのでしょう。

もしこの時、禅が敗れていたら今の禅宗は無くなっていたかもしれません。その活路の一句だったと言っても過言ではありません。

さて、「八角の磨盤」とは、八角形の大きな石臼のことです。「空裏に走る」とは、ものすごい勢いで音をたて天空を飛び回っているというのです。あらゆるものをこっぱ微塵に打ち砕いてしまうというのです。「走る」は「はしる」ではなく「わしる」と読み伝えられています。

教理教学を教えの中心にする旧仏教の人には、わからなかったのでしょう。実際に人を救うのに必要なものは、高遠なありがたい学問ではなく、闊達自在な機用《はたらき》だということなのだと。その表現がこの「八角磨盤」と宗峰は言ったわけです。

一休さんの話があります。

ある大きな寺で五百羅漢の描かれた掛け軸の虫干しがありました。この時には、特別にこの掛け軸を村人に公開していたのです。お宝を見ようと多数の村人が、これを見にやってきました。そこへあの一休さんがひょっこりと現われたのです。一人の村人が、声を掛けました。掛け軸を指さし、

「このお方の名前は、なんですか」

一休は、間髪おかず答えます。

「ナムサタンド」

「では、これは」

「スギャートーヤー」

「では次は」

「ヲラコーチィ」

そしてとうとう五百、全てを答えてしまうのです。村人は、すっかり感心します。さすが一休さん、知らぬことはないと。しかし、この名前はまったくのウソです。村人にはわからなかったでしょうが、一休さんの答えたのは「楞厳呪《りょうごんしゅう》」というお経を、一句一句くぎって言っていただけなのです。

五百羅漢とは、お釈迦様の弟子達です。その名前を知ることが、村人に本当に必要

なことでしょうか。そんな名前など、それを必要とする職業の人が知っていればいいのです。

村人は、名前を聞いて納得し安心したいのです。それが正しいか間違っているかが問題ではないのです。煩煩の解決のため、言ったまでです。

これは現代でも十分通用する話だと思います。私の所にも、禅の歴史や知識があることを話しに来る人がいます。それに私は「よく勉強したネ、御苦労様です」と言うのみです。

勉強するな、と言っている訳ではありません。しかし、大切なことは自分自身の日常に通用するかということです。生活の中で活用できて初めて、そこに価値を生む、ということなのです。

一休さんには、山伏と力比べをする話も残されています。吠え狂う犬をどちらが黙らすことができるかと競争したのです。山伏は印を結び呪文を唱え黙らそうとします。しかし犬はますます怒り狂うのです。

対して一休は、ふところからおにぎりを出し犬を呼びます。犬はしっぽをふっておとなしくなりました。これが一休の機《はたら》きです。つまり「八角磨盤」とは、不思議なことを殊更《ことさら》言っているのではないということなのです。

看花須具看花眼《はなをみるにすべからくかんかのげんをぐすべし》

▼本物を見抜く力

『南游東帰集』にある語です。花を見て美しいと思うだけでは、「看花の眼を具す」ということにはなりません。「看」の字は手と目でできています。この字には、手でつかむようにしっかり目で見て取るの意があります。自らの生き方を花の姿から学び活し始めて、花を看たというのです。そしてそれは、花だけに限ったものではありません。目の前のそれぞれの対象に、こちら方がどういう眼《まなこ》で見られるかということです。

戦国時代、伊達政宗という武将がいました。片目だったことから「独眼竜」と呼ばれ、その華麗な服装から「ダテ男」の語源ともなったといいます。

しかし幼少期の政宗は、後のこんな姿を想像もできないような子供だったようです。

小さい時に疱瘡《ほうそう》をわずらい膿が右眼に入って、失明してしまいました。この時から人前に出られない引っ込み思案でいじけた暗い性格の子になってしまったのです。

父はそのことをもどかしがり、母は弟をかわいがるようになりました。周りでは「政宗様は伊達家の相続人になれない」と噂されたといいます。悩んだ父は、禅僧虎《こ》哉宗乙《さいしゅういつ》和尚に、その教育係を託します。

政宗はこれより毎日、寺に通い出しました。しかし相変らず、そのはにかみ気質は直りません。寺の隅で膝を抱えて「外に出たくない」と駄々をこねていたといいます。

そんなある日、和尚は政宗を不動堂につれていきました。安置された不動明王は、眼をカッと見開き、全身を怒りの炎に燃えあがらせ、右手に宝剣を持ったそれはそれは恐しい姿です。

政宗はそれを一瞬見ると和尚にしがみついて「恐い、恐い」と言います。和尚はたしなめながら自分にまとわりついている政宗を引き離します。そして政宗の肩を両手でしっかり持ち、不動明王の方に向かせたのです。政宗はブルブルと震え逃げだそうとします。しかし和尚は許しません。政宗はとうとう泣き出してしまいました。それでも和尚は決してその姿を見るまで許してくれません。

「しっかり見なさい。そして何が見えるか私に話しなさい」と。

凛とした和尚の声、迫力におもわず政宗は不動明王を見ます。そして見えたままの姿、形を和尚に話したのです。

和尚はそれを聞いて、静かに語ります。

「たしかに不動明王は、その怒り、恐しさをその体から吹き出しています。しかしこの不動明王の怒りは、あなたに向けられたものではないのです。この世の悪に対して怒っているのです。世の悪が、正直で真面目に生きている人々を苦しめている、そのことを怒っているのです。全身を怒りの炎に染めながら世の苦しむ人に代わり、その剣で成敗しようとしているのです。だからその存在は決して恐しいものではありません。むしろ我々の味方なのです」

政宗は思いました。

「姿、形が見苦しいからといって、それが即ち悪ではないのだ。目が一つしかないのなら二つ以上の働きをして、世のために使えばいいのだ」ということに気づいたのです。

そして和尚は、こうも話しました。

「隻眼《せきがん》というものがあります。普段我々が持っている二つの目の上に、もう一つある目のことです。額の所にあるこの目は、大自在天というインドの最高神で、世界創造の神が持っている目だということです。この目こそ智慧を持って、一切の事物を見極める能力を備えているのです。一般的人間を越えた力を持つ目です。本当に必要な目というのは、まさにこのような目なのです」

政宗は、全身を熱く燃やしその話を聞いたといいます。そしてその一隻眼を得ることに夢と希望を見い出したのです。そしてこの日以来、自分が片方しか目が見えないことを恥じることをやめたといいます。


突拍子のないことをいうようですが、実際私もこの額の目というものを坐禅中感じることがあります。第三の目を感じるのです。その時、自分を客観視している私があることに気づきました。

あるテレビ番組で、古代人間には三つ目があったと放映していました。今でもカエルの中に、三つ目の目のなごりを残しているものがいるそうです。実際には見えはしないのですが、その成分を調べると目と同じものだというのです。人間の場合でもやはり脳の奥に隠れているのだそうです。退化してしまったということなのでしょう。むずかしいことは、わかりませんが、知識が人間の動物的勘をにぶらせてしまった。ここら辺にその原因があるように感じるのです。

仏像の中にも三つ目の仏様があります。多くの人がぜひこんな目を想像し、再び創造していただくことを願います。人を変えるのはなく、自分自身が変わることが「看花の眼」を養うことなのです。

好雪片片不落別処《こうせつへんぺんべっしょにおちず》

▼プラス思考の利点

冬といえば雪。ということで「好雪片片不落別処」を取り上げます。この話は『碧巌録』四二則に出てきますが、この語を言い放ったのが龐《ほう》居士という人。

禅の書籍には、たびたびこういう居士、つまり出家者僧侶でない人が登場します。そして僧侶をやり込めてしまったり、高いその人の心の境涯を示したりするのです。

さすが大乗仏教です。悟りとは、僧侶だけのものではありません。まれではありますが、在俗の中にもこういう人がいるのです。中でも龐居士は中国の禅宗界名うての善知識（宗教的に優れている人）です。

この龐居士が薬山禅師の寺から帰ろうとした時です。薬山は、この偉大なる居士に敬意を表し、弟子達に門の所まで見送ることを命じました。

その時、たまたま雪が降ってきたのです。それを見た居士が言います。

「好雪片々、別処に落ちず」

ああ好い雪だ、この雪はどこにもいかんなあ。自分のとこだけだと。

これを聞いた薬山の一人の弟子が質問を発します。じゃあ、他はどこに落ちるんですか。誠に寝ぼけた問いです。言わなければいいのに……。

すると龐居士、その弟子の頬をピシャンと張っていいます。「早合点するな。あんたが禅僧などというのは、十年早い。そんなつもりでいたら、エンマ様にぶっとばされるゾ」と。

まだわからないこの弟子、龐居士にくってかかります。「じゃあ、あなたはどうなんです」。するとすかさずもう一発張り、続けていいます。

「お前は目が見えているようで、まったく見えておらん。口がきけるようで、言葉をしゃべっておらん。まったく悟りというものがわかっておらん」。

随分、手荒なことをするなとお思いでしょうが、禅の修行ではありえることです。イメージを悪くするようですが、修行し本当の悟りを開こうというのは簡単なことではありません。火事場のバカ力ではないですが〈追いこむ〉。これはその人の全ての力を出し切らせるための方便、手段なのです。親切なのです。極端にいえば「殺される」くらいの心境にならないと、本当の悟りにはたどりつけないということもいえます。

このような環境は、坊さんでないとなかなか体験できません。まあ、したくもないでしょうけれど。

ともかくこの環境は、坊さんの世界にいると自然につくられているということです。私も修行時代、多くのそういう場面に遭遇しました。ある人は、休息日に外で「クリームパフェ」を食べたのを見られ、帰ってきて「修行僧の食べる物ではない」と指導されました。またある人は、フロに入った時おもわず「ああ、気持ちいい」といって「修行中に気持ちいいとはなにごとか」と先輩に厳しく注意されていました。

かくいう私もフキ掃除をしている時、鼻歌が出て逆鱗にふれたことがあります。簡単に修行といいますが、現実にはこのようなシビアなものです。

話がそれてしまいました。自分の見る雪は自分以外の物ではありません。他人の見るものは他人のものでしかありません。人生もそうです。それが本当にわかっているかということです。

鎌倉建長寺の管長であった菅原時保老師の小僧時代の話があります。

田舎の寺の檀家さんに初七日のお経を読みに行きました。かわいい小僧さんが読んでくれると、そこのおばあさんは喜び、白いご飯を炊いてくれたのです。お経中、台所が見えたといいます。

たまたま一瞬おばあさんは、台所を離れました。そこへ赤ちゃんが入ってきました。しゃもじを落としました。おしっこをしてしまいました。しゃもじがぬれました。おばあさんが帰って来て、知らずにしゃもじをひろいご飯を移します。その一連を見てしまったのです。お経が終わり、ご飯を出されますが「お腹の調子が悪い」と逃げて帰ります。

また一週間たち、再びお経に出かけました。今度は、甘酒だといいます。今度は、喜んで全部飲んだのです。するとおばあさんはいいます。「もったいないので、この間のご飯で作った」と。

世の中は、受けねばならないものは結局、自分の所に帰ってくる。逃げようとしても逃げられない。

こういう時、何事も修行と捉えると随分と楽になります。受け身から積極的姿勢にいかにシフトできるかです。

やらされるのではなく、やるゾという所に持っていけるかです。「好雪片片、別処に落ちず」とは、まさにそこを言った一言です。

心の正体をつかむ

心自閑《こころみずからしずかなり》

▼余裕の持ち方

この殺伐とした、日々の中で心静かに過すことは容易なことではありません。坐禅や茶道を始める理由の一つに、その解決のためというのもあると思います。しかしあまり勢い込むとついつい力が入りすぎてしまったり、とらわれて身も心もガチガチになってしまいます。

力みがぬけ、無欲な自然体になった時「心自ずから閑かなり」の境地がわかります。この時こそ、その人の持つ能力を最大に活かせる状態となっているのです。

私の住む渋谷に「温故学会」という社団法人があります。江戸時代の盲人で大学者であった塙保己一《はなわほきいち》の遺徳を継承することを目的に創設されたと聞きました。国の登録有形文化財に指定された雰囲気のある建物に、やはり重要文化財の、保己一が編纂した『群書類従《ぐんしょるいじゅう》』の版木が保管されています。

その版木の総数は、一万七千二百四十四枚で、一枚は二十字二十行（これが現在の原稿用紙の原型）という膨大な数です。

盲人ということは、もちろん本も読めません。では保己一はどうしたかといえば、人に読んでもらって記憶したのです。目が見えなければ、普通学問は無理と考えます。しかし保己一は、目が見えないから人より集中できると考えたといいます。

江戸時代から昭和の初期まで保己一の名は誰でも知っていました。『尋常小学読本』にも、身分制度の厳しい時代農民の出で、なおかつ障害を持ちながら、強固な意志で大学者となった保己一は、皆の目標でした。また保己一が講義をしている時、突然灯火が消え、弟子達があわてたのに対し、「目あきというものは、不自由なものだ」といって笑ったという、明るい前向きな性格だった話などが伝えられていたのです。

「番町で目あき、目くらに道をきき」というのは、まさに保己一のことを言っているのです。

あの三重苦の聖女と呼ばれたヘレン・ケラーが尊敬し目標としたのが、この保己一だったといいます。昭和十二年、日本に来たヘレン・ケラーは、この「温故学会」を訪ね、その喜びを語ったと言います。

「私にとって今日は、日本に来て一番うれしい日です。私は子どもの頃、母親から日本の塙保己一先生をお手本にして頑張りなさいと言われて育ちました。今日はその塙保己一先生の像にも『群書類従』の版木にも触れることができ、本当に期待していた日がまいったわけです」

保己一の不屈の精神を心の支柱としたヘレン・ケラーは、この日本を含むアジアでのこの時のスケジュールは全行程一万四千キロ、三十九都市、講演回数九十七回を百日間でこなすという強硬なものだったといいます。

『群書類従』は、日本国内にある書籍を整理し、印刷ができるよう版木に残すという大事業でした。今では考えられませんが、当時、本は高給取りの者しか持てなかったのです。そしてそれは「門外不出、他見を許さず」というようなものだったのです。だから保己一は強い危機感を持って、後世に残さねばと取り組んだのです。

この保己一の日課に「般若心経」の読誦がありました。だいたい一日百巻を目安にしていましたが、日記にのこした最高は五百三十巻。つまり普通に読んで一回二分とすると十七時間以上ということになります。生涯でみると二百二十万巻超。まさに保己一にとってこの読誦こそ、心自ずから閑かなりを体現する行為だったのだろうと思うのです。

ある人は「毎日何時間もお経を読む時間があるなら、少しでもその編纂に没頭すればもっと早くできるのではないですか」と言ったそうです。

しかし、そんなものではないのです。絶対不可欠の時間、心の平安をとりもどす時間、それが保己一にとっての読経だった。遠い未来を見ればくじけてしまいます。この時間に、息巻く自分の一日一日をリセットできたから、気の遠くなるような大事業が成し得たのです。編纂には三十四歳から七十四歳まで四十年以上かかりました。

保己一の戒名は「和学院殿心眼智光大居士」といいます。肉眼ではなく心の眼で見る。目は見えなくても、物の本質を見さだめることはできるのです。

「般若心経」に登場する「観自在菩薩」はまさに保己一本人だと思います。

即心即仏《そくしんそくぶつ》

▼ものの表裏を知ること

「その心がそのまま仏」まったくシンプルな言句です。

中国北朝時代の居士（在俗のままの修行者）傅大士《ふだいし》の書いた『心王銘』に、この語は出てきます。

——即心即仏、即仏即心——

また、中国禅宗の本格的発展の祖といわれる馬祖道一禅師が、この語をよく用いられたことが知られております。

『無門関』三十則にも大梅和尚が、馬祖禅師に問いを発する話が出てきます。

大梅いわく「如何《いか》なるか仏」

馬祖いわく「即心即仏」

馬祖禅師は、虎視牛行の人といわれ、虎のように人をギョロリと見、牛のようにノッシノッシと歩いたという、一風変った方でありました。

当時、「即心即仏」の言葉が一種流行のようになり、皆がこれをマネしたといいます。そこで馬祖禅師は、今度は「非心非仏」といいかえたと伝えられています。

さらに禅とはまったく逆のスタンスをとっている（と思われる）浄土門、『観無量寿経』の中にもこの語は登場します。親鸞聖人の『教行信証』にも次の一節があります。

——是心是仏というは、心の外に仏ましまさずとなり。たとえば火、木より出て、火、木を離るることを得ず。木を離れざるを以て故に、乃ちよく木を焼く。木、火のために焼かれて木すなわち火となるが如し。——

他力本願といわれる浄土門です。しかし、心の中に仏有りと明確にいわれているのです。火は、木と木を擦り合わせる中で生まれてきます。そしてそこで生じた火は、木を離れては存在しないのです。木から火は生じ、そしてその火をより多く燃やすために木が必要だというのです。我々の心と仏との関係は、これとまったく同じだと断言しているのです。また同じ親鸞の御和讃に

「罪障功徳の体となる　こおりと水の如くにて

こおり多きに水おおし　さわり多きに徳おおし」

とあります。

白隠禅師坐禅和讃にも

「衆生本来仏なり　水と氷の如くにて
水をはなれて氷なく　衆生のほかに仏なし
衆生近きを知らずして　速く求るはかなさよ
たとえば水の中にいて　渇《かつ》（ノドの渇き）を叫ぶがごとくなり」

とあるのを思い出します。禅宗の祖といわれる達磨大師は、ここの所を「直指人心《じきしにんしん》、見性成仏《けんしょうじょうぶつ》」（人の心を直指（視）し、その本性を見て仏と成る）といいました。

多くの祖始方は、「木と火」や「水と氷」を例えとして、我々凡夫の心と仏様の心の本質は同じものだと知ってもらいたくて、大変な御苦労をなさったのです。

水と氷は、同じ素材のものです。しかし、その働きはまったく異なったものとなります。水は、ある程度の温かさがなければできません。氷は冷たくなければいけません。水の形は自由自在に変化できますが、氷はこうはいきません。水は流れていきますが、氷は流れません。水は、いろいろな物にしみこみ融和しますが、氷は融和しません。

そしてなによりも、水は人を育て養い生かしますが、氷は人を傷つけ損い殺すことさえ可能です。

心の氷は、我執という固体です。水は自由自在の心を示す液体です。この氷となった心を溶かす役割が水であり、それが仏作仏行といわれる坐禅や、念仏であろうと思います。

氷も徐々に溶けていけば、そのうち流れ出すようになります。水の量も増えていきさえすれば、自然とその流れに乗ることも可能です。

「煩悩即菩提」という言葉もあります。煩悩があるから人間です。しかし、その煩悩を洗い流すことができる菩提という心（仏心）もまた同じ素材の人間の心の中にあるというのです。

水に流れていく氷となれば、それは決してさまたげにはなりません。これこそが「煩悩のまま救われる」ということであり、「罪悪が妨げにならない」ということです。好き勝手な感情のままに行動するということではなく、かといって断つということでもない。煩悩という一つ一つのものを、仏心というものに転化していく。これこそが大切です。

「水と氷は同じものでできている」これがわかるならば、煩悩ある者が、そのまま仏になれると信じられると思うのです。それがまさに、「衆生本来仏なり」ということです。

とらわれず、こだわらず、かたよらず、自由自在の心のコントロールができる、それがわかったらそれが「即心即仏」です。

雨あられ雪や氷とへだつれど　おつれば同じ谷川の水（古歌）

別無工夫《べつにくふうなし》

▼透んだ心を発見する

禅問答で、問題の見解《けんげ》（答え）を引き出す時「工夫しろ」などといいます。また一般で子供の宿題などをみてあげている時、「もうちょっと工夫してごらん」などと使います。つまり、いろいろな見方をして、よりよいものを見い出すという意味で言っている訳です。

この工夫の原点は「人夫工手間《くでま》」を略した語ということで、人夫（職人）が仕事のためにする諸々の手間をいうのだそうです。

仏教的には「常に努力し、心をとぎすます」という意味で使い始めました。特に「静中の工夫」（坐禅）に対して、「動中の工夫」（作務労働）というように、動作での中で集中した時のひらめきを「工夫」などとも言いました。

このひらめきというものは、一つの課題に対して、継続的に問題意識を持っていなければ出てくるものではありません。静かな所（坐禅中）でしか、集中力を保てないような心の静けさは本物ではありません。日常の目まぐるしい世の中に生きながら、その境地を保つことができて本物です。

そして、その静けさとは、動に対しての静というものではなく、何物にもとらわれないとぎすまされた心のことです。

『無中問答』という書籍があります。鎌倉時代の禅僧・夢窓国師が足利直義《なおよし》（尊氏の弟）の問いに答えたものです。

工夫は、一般的にその人の領分、仕事上のことに対しての言葉で使います。しかし夢窓は、仕事も俗事もないといいます。

禅宗坊主にとって、坐禅をし仏道を行じることが領分です。しかし食事をしたり、衣服を着たり、用を足したり、フロに入る雑事にも「工夫」があるといっているのです。

ここを夢窓は「無工夫の工夫」と言います。

ですから「別に工夫無し」というのは、日常全ての中に工夫があるということを言っているのであって、工夫がいらないと言っているのではないのです。工夫こそ日常ということです。

香巌和尚の有名な話があります。香巌は修行中、師に与えられた問題がわからず苦しんでいました。作務で掃除に出た折、自分の掃いた小石が竹に飛んでいき、その当たった「カチ」という音を聞いて一瞬にしてその答えがひらめいたというのです。

これは、ただボーっと掃除していたわけではありません。開悟の瞬間は一瞬ですが、そこまでの継続的心の方向性があったのです。そこへ向かう下地があったのです。そこがわからないと、その一瞬の場面だけを見てもなんのことかわかりません。

禅僧の話だけでは、手前みそになってしまいますので、もう一つ。

古代ギリシャの哲学者で、科学者であったアルキメデス。ある時、王様から一つの命令が出されました。それは王の持つ王冠が、本当に純金かどうかということです。どうやらウワサでは、作った職人がちょろまかしているというのです。

王冠をこわしていいのなら簡単です。しかしそれは許されません。さすがのアルキメデスも悩んでしまいました。

あれこれ考えていましたが、少し気分転換にと、フロに出かけたアルキメデス。そしてフロに入った時、湯ぶねからあふれる湯を見て、ひらめいたのです。まず、王冠と同じ重さの純金を水の入った入れ物に入れてみます。そして再び同じ入れ物に水を満してその王冠を入れてみれば、そこに差があれば混りものがあるはずと。

そのことに気づくとアルキメデスはあまりのうれしさに、裸のままで外に飛び出していってしまいました。

さっそくその実験を試してみると、たしかにその王冠に不純物が入っていることがわかったのです。

アルキメデスは、フロに行った時、仕事のことは離れようと出かけていったのだと思います。しかし、心にそのことは自分が意識もせずに置いてあった。だから気づいたのです。

もちろん私は、四六時中仕事だけを考えていろと言うつもりはありません。ただ、その問題意識に徹底してやっておけば、ふとした時にこういうことが起こり得るといいたいのです。

今の時代、なんでも効率的に全てをかたづけることを優先します。たしかにその意味もわかります。しかし手間暇をかけることの意義もあえて訴えたいのです。

苦労の中でしか、解明できないこともあるのです。発明王エジソンも言いました。

「天才とは、一パーセントのひらめきと九九パーセントの汗のことである」。

そして、成功の秘訣を問われ、時間を見ないことだと言ったといいます。それこそ「別に工夫なし」とは、このことなのです。

以心伝心《いしんでんしん》

▼心のパワー

禅宗の教えの中で、最も使われる慣用句の一つです。悟りというものは、経典を含め言葉をいくら費やしても伝え切ることはできない。究極は、心から心へと伝えるしかないのだということであります。

先日、ラジオを聞いていたらエジプトで大発見があったといいます。ある有名な王様のピラミッドの近くで、ピラミッドを造った人のお墓が出てきました。今までピラミッドを造ったのは、奴隷だと思われてきました。しかし、そうではない人達が関わっていたことが明らかにされたということです。

その場所は、ピラミッドから一、二キロほどの所であり、そこに住居をかまえ食事の痕跡も残っていました。そのことから、今後もさまざまなことがわかってくることであろうという話でした。

そんなことを聞き、私は「墓標」という言葉が頭に浮かびました。お墓というものは、その人がその時代を生きた証であると。

名の知れない人のお墓が、何千年もの後の人の研究に役立つ。その亡くなった人も墓を建てた人もまったく想像もしていなかったでしょう。そこにロマンを感じると共に、お墓の存在意義を考えさせられたのです。

巷では散骨とか自然葬とか話題にのぼりますが、形を表しておけば、どこでなんの役にたつかわかりません。


数年前、「千の風になって」という歌がはやりました。

「私のお墓の前で泣かないで下さい。私はそこにはいません」

とありますが、私もお墓に霊魂がいるなどとは思っていません。はっきりいってしまえば遺骨があるだけです。しかしだからといって、価値がないということではないのです。自分の先祖、そういう方々と心の交信のできる場所。心と心に問いかけることのできる所だと思っています。

たしかに、こちら方に「御先祖様は、いつでも私を見守って下さっている」という心を強く持っていれば、どこにいてもそんなものは必要ないということになります。

しかし、形あるものがなければなかなかそんな具体的な気持ちになるのもむずかしいのも事実です。

イラン・イラク戦争の時、両国の戦闘は泥沼化していきました。そんな中、イラクのサダム・フセインは今から四十時間後に我が国の上空を飛ぶ全ての飛行機を打ち落とすと世界に発信しました。

当時イランには多くの日本人も滞在していましたが、あらゆる外国人がテヘラン空港に殺到しパニック状態。日本人も国外に出るに出られずとなってしまったのです。

そこへ一機の飛行機が飛んできます。残されていた日本人二一六人を搭せ、再び飛び立ち成田に向かったのです。それはフセインが示したタイムリミットの一時間十五分前でした。その飛行機は、日本政府のものではありません。なぜか日本から遠く離れたトルコの飛行機だったのです。

マスコミも政府も、なにがなにやらわからなかったといいます。

実は今から百年前、オスマン帝国（現トルコ）から日本に派遣された使節団がありました。彼らは無事任務を終え、巡洋艦エルトゥールル号で帰国の途につくことになったのです。しかし、出発した日は天候も荒れ、和歌山の熊野灘までくると座礁。舵も利かなくなり、ついに沈没してしまったのです。

この時、大荒れの海に対して自らの命も顧みず彼らの救出に向かったのが、串本町の人々でした。

結局、全乗組員六〇九名のうち助かったのは六十九名ということでしたが、トルコの人々は深くこの行為に感謝したということです。

駐日トルコ大使ネジアティ・ウトカン氏は語っています。

「エルトゥールル号が遭難したときの、日本の人々がしてくれた献身的な救助活動を、今もトルコ人は忘れていません。私も小学生のころに歴史の教科書で学びました。今の日本人は忘れてしまったのかもしれませんが、トルコでは子どもたちでさえ、エルトゥールル号の出来事を知っています。それで、テヘランで困っている日本人を助けるため、トルコの飛行機が飛んだのです。」

日本人を救った機縁は、名も知れない百年前の串本町の人々です。その無名の人々の勇気と行動が、百年後のトルコ人の行動とつながったのです。人間も捨てたもんじゃないと思える話でした。


禅が世界で受け入れられるのは、ここだと思うのです。人種・国家・年齢・性別・職業などを超えて、同じ人間なら心があります。そしてそれは時間さえも超越してしまうのです。そのパワーを知っている。それが「以心伝心」ということです。

▼心を洗うこと

吾心似秋月《わがこころしゅうげつににたり》

幼い頃、「寒山《かんざん》・拾得《じっとく》」の絵を見て、布袋さんの兄弟かななどと思ったことがありました。その絵はなぜか肩の力がぬけるような、そしてなつかしくてホッとする温かさを感じるものでした。

古くから水墨画の題材とされる寒山と拾得ですが、実在の人物か架空の者なのか未だわからない、そんな謎多い所も魅力なのだと思います。

寒山は巻物を持っている場合が多く、拾得は箒《ほうき》を手にしています。一説には巻物は、文字や思想、智恵を表わし、箒にはその実践行が示されているということです。そこから寒山は文殊菩薩の化身（智慧の象徴）、拾得は普賢菩薩の化身（慈悲行の象徴）といわれるのです。知と行、理論と実践が一つになった所に、人間としての真実の生き方があるともいっているわけです。

寒山の名前も天台山の近くの寒巌という所に隠棲していたから言われた名で、拾得も国清寺の豊干《ぶかん》禅師に拾われた子だったからそう呼ばれたのです。

日常の寒山は、村に出て牛飼いの子供らと歌ったり喧嘩したり、また仲よくしたりたわむれて生活をしていました。そして腹がへると国清寺にあらわれ、雑務係の拾得に残飯をもらっていたといいます。竹筒に入れてもらった残飯を背負ってゆっくり歩き、一人で笑ったり独り言を言っていたりしている。その姿は痩せ衰え、樺《かば》の木の皮の冠をかぶり破れた衣服に木の下駄を履いていました。

そんなことが評判になり、県の知事（閭丘胤《りょきゅういん》）が捜しにくると、二人は手をたずさえ五台山に逃げこみ、それ以来永遠に姿を消してしまったというのです。

その後、国清寺の僧らが、二人の書きつらねた竹や木、石壁、人家の壁などの詩を集めたものが「寒山詩」となりました。

この詩を読む時、私でさえ彼らは並の人でないことがわかります。まさに悟道の人であり、その格調ある詩には深い教養を感じさせます。

前置きが長くなりました。「吾が心秋月に似たり」は、この寒山詩に出てくる一節です。

吾が心、秋月に似たり
碧潭清くして皎潔《こうけつ》たり
物の比倫に堪うる無し
我れをして如何ぞ説かしめん

つまり寒山は、自分の心は秋の月のように全てをこうこうと照らし、その光が青い湖の底までもさしこむほどに清く澄みわたっていると言っているのです。

しかし、どんなものに例えて示そうとしても、その心の本質は比べようがありません。その心を知る私をもってしても、それはどうにも言い表わせないのだというのです。

禅語には、月の語が登場するものが、数多くあります。夏が終わって澄み切った空に月が輝く秋、夜一人になった時間は感覚がとぎすまされる条件が整う気がします。

小僧さんをしていた頃、寺の本堂の広縁に座わり空をながめていた幼い日を想います。この月は、私の郷里でも同じように輝いているんだなあ、つながっていると感じられた時、一つの安心《あんじん》が湧き出てくると共に、母の顔が浮かんできたものです。そして母の言った「仏様は見ていて下さる」の語をこの時、はっきり聞きとることができたのです。

「聴月」という語があることを、後に知りました。まさにこういうことをいうのだと思います。しかしこの感覚、感情をいくら説明しようとも人に伝えることはできません。「如何ぞ説きしめん」とは、このことでしょう。

また月といえば、もう一つ想い出す話があります。インド説話に出てくるもので、月のウサギの話です。

ある老人がヒマラヤの雪山で行き倒れになりました。近くにいたキツネとクマとウサギは、食物を探しに出かけます。

キツネは木の実を見つけてきます。クマは川へ行って魚を取ってきます。ウサギはいろいろ探しますが、なにも見つからずスゴスゴと帰ってきました。

ウサギは言います。老人に火を熾《おこ》してくれと。老人は言われた通り火を熾すと、ウサギは私を食べてと火の中にとびこんでしまうのです。

びっくりして老人はすぐに火を消します。しかし、ウサギはもう死んでいました。老人は涙をながし悲しむと、ウサギの魂は天に登っていて、月の中に収まるのです。

私はこの話を読んだ時、鳥肌がたちました。善い悪いではない、本当か嘘かが問題ではない。ただ、そこに感動したという事実があるのです。

吾が心、秋月に似たり。月のような研ぎ澄まされた感性でものを見たいものです。

白雲抱幽石《はくうんゆうせきをいだく》

▼真心というもの

再び『寒山詩集』などに出てくる一節です。真っ青な空の下、眼前に拡がる一つの情景をありのままに述べたという所でしょう。

「無作《むさ》の妙用《みようよう》」という言葉がありますが、まさに無作為の中にあるなんともいえない心打つ機《はたら》きを感じられるそんな禅語です。

また俗塵を離れた清らかな世界を言っているという解釈もできると思います。

しかし私は、この語に幼な子を抱く若き母親の姿をだぶらせます。見返りを求めない自然の慈しみの姿です。

ここで思い出した話があります。東福寺・妙心寺の管長を歴任された芦匡道《あしきょうどう》老師のことです。

老師は晩年になっても質素な木綿布団で寝ておられました。本来、禅僧が使用する寝具はいたって粗末な物です。雲水（修行僧）の使う物は「かしわ布団」といって、上下にも分れていない一枚のものです。つまり一枚を二つに折り、内に入るので「かしわもち」のようだと名付けられたのです。

私もそんな布団で生活をして初めて、普段一般が使用する布団がいかにありがたいかを感じることができました。

ある日、老師の話を聞いた一人の御婦人が、上等なとてもいい布団を寄進して下さいました。老師も大変お喜びになったそうです。

その夜、隠侍さん（おつきの係）がその新しい布団を敷いて、自室にもどりました。隠侍さんはその後寝ていると夜半に目がさめたといいます。老師の部屋から、まだ光がもれていたのです。不思議に思いそっとその部屋をのぞくと、老師は袈裟をつけ正装し、なにやら低い声で寝具に向ってお経を読んでいたのです。お経の終わるのを待って、隠侍さんは声を掛けました。

「老師、なにをなされているのですか？」と。すると老師は、静かにいわれました。

「見られてしまったからには、やむを得ん。わしは若い時から修行に出てしまって、両親に十分に仕えることができなかった親不幸者だ。このような柔らかい布団に一度も親を寝かせてやったこともなかった。わしだけが使ってはすまないから、父母に先に休んでもらってからと思ってなあ」

私も幼い頃に出家しました。しかし、こんなことは気づきもしなかった。この老師のお言葉が深く胸につきささるのです。自分はまだだなあと……。

親が子を想い、子が親を想う。この無心がこの一句に宿っているのではないか、そんなふうにとらえられたのです。

また「幽石」とは、苔むした石、岩のことです。仏心を感じられる石にまつわる話もありました。三島の竜沢寺の中川宗淵老師のお話です。ある日、老師は雲水について一緒に托鉢に出られました。

場所は熱海だったそうですが、托鉢というのは三、四名でつれだって出かけます。たまたまその時、先頭を行く雲水さんがわらじのヒモがとけたからといって、列をはずれその縄を結び直していました。前を見ると列の最後を行く宗淵老師の姿が目に入ったのです。

そこへ一人の小さな女の子がやってきました。そして道ばたで拾った石を老師に渡したのです。どうするかと見ていると、老師はその石を丁寧におしいただいていたといいます。たぶんその女の子は、熱海の街中で大人の人がなにか雲水さんに渡している姿を見たのだと思います。なにを渡しているのかはわからなかったのでしょうが、渡す方、渡される坊さんとお互い合掌し感謝し合っている姿だけを知っていたのでしょう。

見ていた雲水は、後で老師にいいます。「女の子も悪気が無かったでしょうし、石も重いでしょうから捨てて下さい」と。

すると老師はいいました。

「この石がただの石だと思うから重いと感じるのです。あのお嬢ちゃんはかわいいもみじのような手で手を合わせてくれました。共に手を合わせていただいたのだから、これはただの石ではありません。仏法が備わったありがたい石です。寺までいただいて帰りますよ」

そしてその石は、後に老師の部屋に飾られていたというのです。

ただの鉱物でしかない石です。そしてたった一つの布団です。しかしそのたった一つの物にも、こちら側に仏心がやどせると全てはお宝ともなるのです。

相手になにかを求めるのではなく、自分自身の心を究める中に自然に与えられるものがあることに気づきます。そのためには、常に自分自身の心の有り様を見つづけていくことです。

そのことを「白雲幽石を抱く」の語は、教えてくれていると思うのです。

心頭滅却火自涼《しんとうめっきゃくすればひもおのずからすずし》

▼○○のない生き方

『碧巌録』に出てきます。「風林火山」の軍旗、つまり

疾きことは風の如く
徐かなることは林の如く
侵掠することは火の如く
動かざることは山の如し（孫子）

の書は快川紹喜和尚によるものだそうです。快川和尚は、武田信玄の師として有名ですが、ここではかいつまんで記します。

岐阜の殿様と仲たがいし崇福寺を去った快川の噂は、すぐ武田信玄の耳に入ってきました。そこでさっそく山梨の名刹恵林寺へ住職として招きいれたのです。信玄の八面六臂の活躍は、快川の指南なければありえなかったともいわれます。

信玄の死によって強国・甲斐（山梨）は急激にその勢力を失い、ついに滅亡しました。武田家を滅ぼしたのは織田信長でしたが、快川の高徳を聞き、自分の所へ丁重に迎えようとしました。しかし、快川は義を持ってこれには応じようとはしません。そんな折り、近江（滋賀）の佐々木義弼《よしすけ》は、信長軍に追われ、武田家を頼って甲斐に逃げて来たのです。だがその時には、すでに武田家はありませんでした。快川は、その佐々木氏を恵林寺へ匿《かくま》ったのです。

激高した信長は、恵林寺を攻めさせました。快川以下弟子達百十数名は、山門楼上に追いやられます。そして門下に火を放たれたのです。炎に囲まれる中、快川とその弟子達は威儀を正し、端坐（坐禅）しました。各々に辞世（最後）の一句を述べさせ、自らが終わりに弟子達の読経の中、その禅境（心の状態）を述べたのです。

安禅は必ずしも山水を煩《もち》いず
心頭滅却すれば火も自ずから涼し

この快川の声は、近隣一帯に響きわたったといいます。快川らは、生きながらにして荼毘《だび》（火葬）にふされたのです。

ここまでは、よく知られた話です。しかしこの後も話の続きがあるのです。

快川和尚はこの時、「柿染めの袈裟」を付けていました。その袈裟が現存するのだそうです。それは大分の月桂寺。焼けこげの袈裟がなぜ山梨から大分臼杵へ行ったのか？

話はこうです。快川の弟子で一番若い（十二、三歳）湖南禅士（禅士は修行僧）は、お前はまだ将来があると快川は自分の袈裟を託し、織田軍の目を盗み、門から降ろして裏に逃がしたというのです。

湖南禅士は、快川の法を継いだ南化和尚の元へ向かいました。そして南化和尚につき、そのまま修行を続けたのです。後にその法を継いだ湖南は、この大分の月桂寺の開山（寺を開いた）となったのです。

この寺で読む『楞厳呪《りょうごんしゅう》』というお経は、他と違う大きな特長があるそうです。非常に早いテンポで、まさに火の迫りくる勢い、臨場感にあふれているそうです。死を前にした師匠の気迫、その生きざまをまざまざと弟子の目に焼きつけられたのでしょう。身体は滅しても、その教えは今も生き続けているのです。

さて、同じ門で想い出すのが、大徳寺山門『金毛閣《きんもうかく》』です。大徳寺に一度は行ったことがある方ならおわかりかと思いますが、朱塗りの大変目立つ門です。建てたのは、あの千利休居士です。

利休居士は、門ができた時、記念にその楼上（二階）に御自身の木像を置きました。しかし、そんなことが切っ掛けで事件へと発展するのです。

ある時、豊臣秀吉はその門を通る際、その木像に気づき怒ったというのです。木像は草履ばきで、「天下の豊吉の頭を土足でふみにじるとはなにごとか」と。まさに難くせです。しかし、それが利休切腹の理由となったのです。利休は切腹させられ、木像は引きずりおろされ焼かれます。快川も利休もいっさい言い訳をしませんでした。両者、相通ずるものを私は感じます。

恵林寺の門は復興され、利休の木像も三百年後に安置されました。その木像は、裏千家十一代玄々斎宗室の造らせたものです。実は、私の住職する香林院はこの玄々斎とゆかりがあります。玄々斎の生家大給《おぎゅう》松平家が建てたのが香林院だからです。ですから玄々斎の実父の墓は、香林院にあるのです。縁というものを改めて感じます。

話をもどします。「心頭」の頭は、接尾語ですから心を強くいった表現です。またこの表現をやせがまんと取る人もいるようですが、そうではありません。「涼し」とは、たんなる熱さ、寒さではないのです。

山水という静かな環境の中でなければ、坐禅できないというのは本物ではありません。鍛錬によってでき上がってくる澄み切った心を涼しと表現したのです。快川も利休も命を掛けその心、気概を後進に伝えようとしました。

心頭滅却すれば火も自ずから涼し

これは、以心伝心（心を以って心に伝える）の究極の一句なのです。

▼真実を知る

応無所住而生其心《まさにおうするところなくしてしかもそのこころしょうずべし》

『金剛経』というお経の中に出てくる一節です。「金剛」とは、金剛石。つまりダイヤモンドのことで、砕くことのできない堅固さと万物を撃破できる利を備えたという意味を持つ経典というわけです。

六祖慧能禅師がまだ在俗であった若かりし日、薪を売って生活をしていました。街で、ある僧がこの『金剛経』をよんでいたのを聞き、中でも「応無所住而生其心《おうむしょじゅうにしょうごしん》」の一節が心に響き、それが機縁で禅門に入門したという有名な話が残されています。

その部分を書き下してみます。

——須菩提《しゅぼだい》よ。諸《もろもろ》の菩薩摩訶薩《ぼさつまかさつ》、応《まさ》に是の如く清浄の心を生ずべし。応に色《しき》に住して心を生ずべからず。応に声香味觸法《しょこうみそくほう》に住して心を生ずべからず。応に住する所無くして其の心を生ずべし。——

「須菩提」とは、釈迦の弟子の一人です。その弟子に対し、教えているのです。多くの菩薩は、次のようにして清浄心（悟りの心）を手に入れました。目に見える全ての存在、つまり色に心を奪われ滞ってはいけない。また、耳に聞こえる声や音、鼻で嗅ぐ薫り（香）や舌で味わう味、皮膚で触って感じるもの、意味や理屈を考える想い（法）に、心を停めてはいけない。そのような「とらわれのない心」、そんな本来心には実体の無いということをよくとらえること。それが無心であり、清浄心という自由自在の悟りの心だというのです。

「般若心経」の中にある「色即是空」というのも、まさにこのことです。

「ゲゲゲの鬼太郎」が、未だに子供に人気があるように、いつの時代も妖怪、おばけというものに人は、関心があるようです。

「サトリ」という名のおばけがいます。この「サトリ」は、人の心が読めてしまうのです。

昔、ある所におじいさんがいました。そのおじいさんが山に、木を切り出しに行っていた時のこと、サトリが出てきたのです。そして、おじいさんにちょっかいを出し始めます。

おじいさんは「なんだ、この珍しい動物は」と思い、生け捕りにして見せ物にでもしようかと思えば、サトリは「お前は今、俺を生け捕りにしようと考えたな」と言います。

おじいさんがびっくりすると、またサトリは、「お前は心を読まれたことにびっくりしているだろう」と言います。

「こんなすごい奴、殺すしかない」と思えば、サトリは今度は「今、俺を殺そうと考えたな」とまたまた言うのです。

これはかなわないと思えば、「今、あきらめたな」とサトリは、からかいます。

そんなことがあり、おじいさんは、これはダメだと仕事に専念しようと無視して木を切ることにしたのです。そしていつのまにか、サトリのいることを忘れてしまいました。仕事に励んでいるうち斧をふるっていると、その刃が飛んでいって、サトリに当ってしまうのです。そしてサトリは死んでしまったのです。「人間のすることはわからない」と。

こんなにすごいサトリでも、無心には勝てなかったという話です。

また、あるテレビ番組で世界中の人の幸福感を調査したことについて放映していました。人には、それぞれ違った悲喜こもごもの人生があります。しかし、それぞれの国の人々のそれぞれの感じた人生の中で、現在までを見渡した時、皆が約六十パーセントの幸せと四十パーセントの不幸せを感じているという結果が出たというのです。まったく違うそれぞれの人生の環境の中で、仕事も年齢もマチマチの人が、過去を見て同じということは、ありえないはずです。

人は悪い想い出は忘れ、そしてよい想い出が残る。ほどよい六十パーセント程度幸せが残るということなのでしょう。私自身もやはりいわれれば思い当たるような気がします。

悪いことばかりを憶えているとすれば、人間はその人生の歩みを止めなければならなくなってしまいます。忘れられるから、人生を最後まで生き抜くこともできるともいえます。これは人間の心の防衛本能です。

愛する人を失った悲しい心も、他人へのどうしようもない怒りも、決して実体のあるものではありません。そのことをしっかりと心にきざんでおいてほしいと思います。そうすれば、自由自在に心を動かすこともできてきます。

「悟り」とは、「忄」（りっしんべん）の「心」です。吾が心を掌握することが、「悟り」です。

特別なもの、普通の人にないものではなく、あたりまえのことがあたりまえにわかること。「応無所住而生其心」とは、その悟りを知らせる一句です。

真の幸福とは

両忘《りょうぼう》

▼バランス感覚

『景得伝灯録』などにみられる語です。意味はまさに読んで字の如し。「両方を忘れる」ということです。

両方とは、善いとか悪いとか好きとかきらいとかの二元対立、相対するもののことです。この対立を越えた所に静寂なる心、安心があるというのです。

人は、人生の場面場面でいろいろな決断をせまられるものです。そしてそれは、その時の立場や状況で変化するものです。表面に出てくる言葉は、他人からみれば矛盾するとか一貫性がないとか批判されるかもしれません。しかしそこには、その本人にしか量り知れないぶれない心があるのかもしれません。

「どんなタイプの人が好きですか?」という質問に、「好きになった人がタイプ」と答える人がいます。まさにその通りで、好きになるのに理屈はいりません。しかしどうしても分析したがるクセがついつい身についてしまっているのではないでしょうか。知識の弊害がここにあります。

理屈というものは、全て後から考えられたものだということを知ってほしいのです。だいたい人間は、生まれてきた時点で自分の意志で生まれてきたわけではないのです。大いなる力、仏教ではこれを縁と呼びます。

年輩になっても「自分はなんのために生きているかわからない」という人がいますが、「初めに答えありき」ではないのです。自分自身が生きていく中で、答えを見い出していくのです。そして人それぞれその時の年令や環境、経験などによって出てくる答えが同じであることなどありえません。

だから「こうだ!」と決めつけるような価値判断を解放してやると、ずっと気が楽になります。全てに白黒つけなくても、「どっちでもいいじゃないか」、そういう心の余裕を持つことができれば、力まないでおだやかに過ごせます。

仏教でいう「中道」とは、このバランス感覚です。「いいかげん」は良い加減です。

こんな話があります。

生まれながらの知的障害を持つ女の子がいました。幼稚園までは友達と仲良くやっていたのですが、小学校へ入ると様子が変ってきました。そして段々と学校をいやがるようになりました。

ご両親は、そこでその子を養護学校へ移す決断をしました。学校は、寮での生活でした。学校では丁寧に担任の先生が接してくれ、毎日電話で子供の様子を報告してくれたといいます。

「今日はこの字を憶えた」

「今日は、少し本が読めた」

少しずつですが、その成長をご両親は喜んだといいます。

そんなある日、算数の授業をしようと、先生は五百円玉と百円玉、十円玉を机の上に出して言います。

「どのお金が一番大きなお金ですか?」

するとその子は「十円玉」を指すのです。先生は言います。

「五百円玉が一番大きい数字なのよ」

そして再び同じ質問をします。しかしその子は、また十円と答えたのです。

先生は、不思議に思い「なぜ十円なの」とその理由を聞いてみました。

するとその子は、

「十円は電話ができるお金。電話するとお母さんの声がいっぱい聞けるのよ」

と答えたというのです。

今や携帯電話の時代で、公衆電話も見かけなくなりました。ピンとこない世代も出てきて、こんな話も通用しなくなる時代がくるかもしれません。

しかしこの話に、私は頭の中にある損得勘定でものごとを見ているクセを反省します。確かにこの子にとってこの十円玉は、かけがいのないもので、五百円玉などなんの役にもたたないものでしかないのです。決めつけるということは、心というものをくもらせる大きなさまたげともなるのです。

日本画は、空間というものを大切にします。そこに「真があり、善があり、美がある」と考えているのです。西洋の均等に対し、東洋は不均等の美ともいいます。形から入り、形をくずす所までいって、型破りという一つの完成をみるのです。禅寺の枯山水庭園はまさに、それで石も均等には並べられていません。表にあればなんの役にもたたない石ころが、庭に置かれることによって無限の価値を生み出すのです。

心の余裕を持つこと、それは間というものを知ることでもありましょう。間が持てるから、自由も生まれてくると思います。

「両忘」とは、今一度そのことに立ち返らせる気づきの一句であろうと思います。

眼横鼻直《がんのうびちょく》

▼仏教は日常そのもの

日本仏教界の大巨匠の一人に、曹洞宗を開いた道元禅師がいます。

十四歳で出家した道元は、最初比叡山に登り、後に三井寺や建仁寺へと修行の場を移します。しかしそこは、どこも自分を満足させるものはありませんでした。

そしてついに二十四歳の時、中国宋へ渡るのです。当時、中国へ渡るということは、まさに命を掛けての渡航でした。決死の求道だったのです。

「切に志を発する人、速かに悟を得るなり」（『正法眼蔵』）とあるように、真剣に堅い決意をした者は、いち早く悟り、それは才能ではなく、意欲と努力が事を成すからである。この言葉は、その体験からきたものだと思います。

中国へついた道元の乗った船は、港に停泊しました。そこに一人の老僧が訪ねて来たのです。

話を聞けば、ここより二十キロ離れた阿育王寺から歩いてきたと言い、老僧は典座《てんぞ》（お寺の食事係）だといいます。そして日本産の椎茸を分けてほしいというのです。道元禅師は驚きました。この頃の日本では、台所仕事は末席の者の仕事だったからです。そこで質問を発するのです。

「あなたのような老僧がなぜ台所の雑務などをして、本来の大事な修行をなさらないのですか」。老僧は静かに答えます。「あなたは、まだ修行のなんたるかをわかっていませんね」と。

その後、道元は天童寺において本格的な修行に入ります。そしてここでも、何人もの先輩僧から痛棒を食らうことになるのです。

一人の老僧が、真夏のカンカン照りの中、また椎茸を干しているのを見かけます。背中の丸い六十八歳という老僧です。道元は、「なぜ若い人にやってもらわないのですか」と聞きます。老僧は「他人にやってもらったのでは、自分の修行にならないから」と答えるのです。

また、こんなこともありました。貪るように中国高僧の書籍、語録を読む道元に、一人の先輩僧が声を掛けます。

「そんな本を読んで、何の役に立つのだ」。道元は、「日本に帰った時に、人々を教え導くためです」と答えます。再び先輩は問います。「ならば、何のために教え導くのだ」と。それは「人々を苦しみから救い、楽しみを与えるためです」。先輩はまた問います。「結局、本を読むことが、そのために何の役に立つのか」。

ここで道元は、答えに窮したといいます。仏教の修行者が、その目的が人を救うためなどと答えるのは、聞き覚えの知識でも答えられるのです。

その「人を救う」と言っている、その口は一体誰の口なのか？　そこでしゃべっている者は、何者なのか。さらにその答えにつまっている者は、いったい何者なのか。……ということです。

文字、言句などは、一つの記号でしかないのです。知識もただそれだけのものにすぎない。大切なものは、自分の悟ったことを生活の中で行い生きるということなのです。

「仏道をならふといふは、自己をならふなり。自己をならふといふは、自己をわするるなり」（『正法眼蔵』）

有名な文章ですが、ここを言っているのです。外からの知識では断じて無く、悟ることが自ずと人を導くものになるということなのです。

日本に帰ってきた道元は、宇治に興聖寺という寺を開きます。そこの落慶法要の説法で、「眼横鼻直」の語を発します。

「只だ是れ等閑に天童先師に見えて、当下に眼横鼻直なることを認得して、人に瞞《まん》せられず。便《すなわ》ち、空手にして郷に還る。所以《ゆえ》に一毫も仏法無し」。(『永平広録』)ただただ、ありがたいご縁をいただいて天童寺の如浄禅師に巡り会うことができた。そしてそこで眼は横に、鼻は縦についていることをしっかりと悟った。そのことにより、人にまどわされるようなことも無くなったのである。なんの土産も持ち帰らず、空手《から》ぶらで日本へ帰って来たので、皆が求めるようなありがたい仏法などというものは、持っていないぞと。

普通、「眼横鼻直」などという言葉は、改まって言いません。あたりまえのことです。しかし、このあたりまえのことが、他人の主義、主張や自分の中の常識という先入観で惑わされ、目が眩んでいないでしょうか。

ありのままに見る。それが「眼横鼻直」です。

昔の職人さんや我々僧侶は、よく師匠より盗みとれといわれました。教わるのではなく奪い取るのです。他人の仕事ではなく、それを自分の仕事としてとらえるのです。他人事として物を見る時、そこに真剣さは生れません。

ありのままを見ようと、目を皿のようにして見て学んだ、若かりし日々……。物や金ではないのです。その心です。私は、それこそが後世の人々の残す本当の財産だと思います。

「眼横鼻直」すなおな目で物事を見ることです。このことにつきます。

洗鉢盂去《はつうをあらいされ》

▼あたりまえといえる自信

『無門関』の第七則に「趙州洗鉢」の話があります。高名な趙州和尚と新人修行者の会話です。

「自分はまだ入門したての未熟者ですが、禅とは何なのかを教えて下さい」

それに対し趙州は「朝食は終ったか」と尋ね返します。僧はこれに素直に「終わりました」と答えます。すると趙州は「鉢盂を洗い去れ」（その椀を洗っておきなさいよ）と。その言葉に、この僧は一つの悟りを得たというのです。

一見、趙州は僧の問いに話をそらしたように見えます。しかし結論として、僧は悟った。これは一体なんなのか、という禅問答です。

たぶんこの新人僧は、ずぶの素人ではありません。趙州の元へ来る前に、ある程度修行を積んでいたのではないかと推測します。

でなければ、この言葉を聞いて悟りを得たとはならないと思います。

修行体験を持つ者が言うところに、悟りというようなものは、安直偶然的に得られるものではありません。自分というものを内面的に掘り下げ、切にそのものに向かう真剣さがなければ生まれないといいます。その通りだと思います。

ちなみに我々禅僧は、自分の食器（持鉢）を持つようになっています。この持鉢は、大から小へと五つ重なっており、食事の時にそれを広げ食べ物の種類ごとに取ります。そして食事が終わると、最後に番茶がくばられ、沢庵もしくは人差し指を使って洗い流し、その番茶を飲みほします。そして、フキンでふいて食事終了。一般のように食器洗いの洗剤を使うわけでもなく、水場で洗うわけでもありません。その食事の場で、最後まで処置してしまうのです。汚いという人もいるかもしれません。

しかし、これには「自分のことは自分で」ということ、「食べ物を決して粗末にしないこと」などの教えも含まれています。

禅僧の食事に対する姿勢は、食事前に必ず唱える「五観文」によく表われています。

一つには功の多少を計り彼《か》の来処《らいしょ》を量る

（この食事がこの食膳に運ばれるまでには、多くの人々の苦労と天地の恵み

があったことを思い描きます)
二つには己が徳行の全欠と忖《はか》って供《く》に応ず
(自分の修行が食事をいただくのにふさわしいか反省しいただきます)
三つには心を防ぎ過貪等《とがとんとう》を離るるを宗《しゅう》とす
(食事をいただくにあたって、貪る心を起こさず、まして好き嫌いなどいいません)
四つには正に良薬を事とするは形枯療ぜんが為なり
(この食事は、修行の為に命を保つ薬として悟りを得るためのものとしていただきます)
五つには道業を成《じょう》ぜんが為に応に此の食《じき》を受くべし
(この食事は、修行の達成のためにいただくものなのです)

話は少しそれてしまいましたが、この趙州のいう「鉢盂を洗い去れ」の状況を御理解いただくため書きました。趙州のいう「食べたらかたづけろ」というのは、すごくあたりまえの言葉です。そのあたりまえのことが、案外できないのです。
不平・不満の蔓延する世の中。ないものねだりをしてダラダラと過ごしていれば、決して気づきません。

今、自分が置かれている立場の中で、できることを行じていく。それが禅だということです。さらりと滞らない心境、これを無心というのです。ここに幸せが見い出せるのです。また、悟りとは神秘的なものをいうのではありません。超人的能力でもありません。当り前のことを当り前にできる心をいうのです。

一昔前、オウム真理教による前代未聞の犯罪が起きました。先日もその事件の一つ、サリンがまかれて十五年ということでテレビドラマが放映されていました。教祖である麻原彰晃こと松本智津夫は、空中浮遊ができるという触れ込みで教団を拡大していきました。しかしそれは嘘でした。なぜなら、もし警察が逮捕に向かったなら、空中浮遊で逃げられたはずだからです。空中浮遊が一瞬の時間なら誰でもできる飛びはねたのとなんら変わらないではないですか。そのどこに価値があるのでしょう。空を飛びたいなら、飛行機もヘリコプターもあります。現実に役立たないのなら、そんなものはあってもしかたありません。そんな力など発揮する必要もないのです。

今ある自分の持ち合わせたものを活し切る。そのことのほうが、重要ですし、日常茶飯事の中にあるものこそ本当の本物なのです。

禅とは元来そういうものだ。仏教とはそのことなのだ。趙州は「鉢盂を洗い去れ」の言葉をもってこれを言ったのです。「仏法に不思議なし」とは、このことです。

鑊湯無冷処《かくとうにれいしょなし》

▼仕事の姿勢からの工夫

『白雲広録』などに見られる語ですが、「鑊湯」とは大鼎《おおかなえ》（物を煮るために用いる三足で両耳のある金物）のことで、そこから熱湯を意味することになったといいます。熱湯には、冷たいところがない。手抜きがないということであり、師からの妥協のない厳しい指導、また弟子から見れば必死の修行ということを言っているのです。

最近、日本レストランエンタプライズのアドバイザーの齋藤泉さんという人の本を読みました。カタカナ名称は、私は苦手ですが、要は新幹線の車内販売員のカリスマの方です。

山形新幹線に乗車していた彼女は、アルバイト。今でもパートだそうですが、最高で片道二十六万円強（平均は七万円ぐらい）を売ったのだそうです。

しかし山形新幹線はミニ新幹線と呼ばれ、旅客数は四百人。その中で旅客数の半分近い百八十七個の駅弁も売ったことがあるといいます。

普通に考えれば、アルバイトが売り上げを伸ばしてもしょうがないと思いそうです。しかし彼女は、そんな生活を十六年続けているのです。

彼女に感じることは、なによりもその仕事を楽しんでいるということです。だから実績と経験が積み上げられていく。今やメディアでは「頭の後ろにも目がついている」とか「買いたいと思わせるオーラが漂っている」と評されるそうですが、彼女も初めからそうだった訳ではないでしょう。

もちろん接客業が好きだったということはあったのでしょうが、売れないという現実があってそこに創意工夫を生み出し、結果をつくっていたのです。

彼女は自分の運ぶワゴンを「小さなお店」を持つことだといいます。そしてお客さまから見れば、正社員もパートもアルバイトも関係ないともいいます。だからお客さまの心地よさを考えていったのだそうです。

「いかにしたらお客さまに満足してもらえるか」

こんなことは、子供でも知っています。しかし、それを実行している人がどれだけいるかということです。

お客さまに満足してもらう前に、自分が満足しようとしている、そんな人が多く見受けられるような気がしてなりません。

お客さまをなるべく待たせないこと。そのためにエプロンのポケットにいれる硬貨などを分別し、スピーディに対応します。

すると車内を往復する回数も増やすことができます。

お弁当の中身を撮影して写真にして、ワゴンに初めて掲示したのも彼女だそうです。たしかにいちいち説明していれば時間も掛かるし、なにより中身がわかればすぐイメージできます。

この話なども会社に提案しても、なかなか話が進みませんでした。だから自分でまずやってみて実績をつくり認めてもらうことになったということです。

そしてそれぞれの季節、時間帯、客層を見極めること、昨日のお客と今日のお客は違うのだからと。

観光客か帰省の人か仕事の出張か、天気予報はもちろんチェックするけれど、なにより大切なものはその時の自分の感覚なのだそうです。その時、暑いか寒いか、それは皮膚感覚で見なければいけない。そしてニーズを予測しそして修正します。

臨機応変の対応ができること、ここまでできれば仕事にあきることはなく楽しめます。

私も想い返せば十二歳で出家して、三十八年目の僧侶生活を迎えます。よく続いたとも思いますし、アッという間だったとも思えます。

拙い人生行路でしたが、私は人より不器用だったという自負があります。自負というのもおかしなものですが、人より劣っていたからこそ、努力もしようと思えたのだといえるのです。

寺の子でもない私が、こうして続けられています。私以外でも一般家庭から入門してきた者を何人も見ました。しかしそのほとんどがやめてしまいました。

辛いことと幸せは、紙一重です。辛いにたった一本加えるだけで、幸せになります。その一本は、人間全ての人が持ち合わせている感受性だと思うのです。この感受性を一番磨いてくれるものが、坐禅であり、心の転換を見い出せるものはこの感性だと。

人の間を生き抜く、だから人間というのです。その人間関係をうまく導けるようになるには、なによりもその感性を身につけることが大切です。この感性は本来誰にでも平等に持ち合わせているのです。

ただそれを見つけることを、なおざりにしてしまっているのです。心は視覚では見えません。感じるものです。そこを我々は「正念相続」(正しい念でずっと見続ける)、一途にといっています。それこそが「鑊湯に冷処無し」ということです。

苦中楽《くちゅうのらく》　楽中苦《らくちゅうのく》

▼裏の裏を見る

「人生楽ありゃ苦もあるさ」

水戸黄門の主題歌が聞こえてきそうな句です。苦の中に楽はあり、また楽の中に苦もあるということです。

『碧巌録』八三則の頌に「苦中の楽、楽中の苦、誰が道《い》う黄金の如し」とあります。「誰か道う黄金の如し」は中国、唐代の禅月大師の「行路難」という詩に出てくる言葉です。とてもいい詩なので紹介します。

　山高く海深くして人測らず
古往今来　転た青碧
浅近軽浮　与に交わること莫れ
地卑うして只荊棘《けいきょく》を生ずることを解す

誰か道う黄金糞士の如しと
張耳　陳余消息を断つ
行路難　行路難　君自ら看よ
（山は高く海は深く、人間の力ではその頂《いただき》や底を究めることはむずかしい。だから昔から今に到るまで山も海も青々としたまま、限界を究められないという。ましてや人生などなおさらのこと。浅はかな軽薄な人とは交わるなよ。土地が悪いと良い植物は育たず、茨《いばら》のようなものしか生えない。誰かが言っていた。持つ人によって黄金も役に立たないものになってしまうのと同じだと。張耳、陳余（秦を倒そうとした勇士、お互いに金銭を超えた交流をしようと誓い合った仲）も偉くなってくると仲違いして交際を断ったという。人生行路とはむずかしい、むずかしい。さあ、しっかりと自分で見極めなさい）

さて、私が修行時代よく食べた野菜に「にがうり」というのがあります。にがうりというとピンとこないかもしれませんが、「ゴーヤ」のことです。今では近所のスーパーマーケットでも簡単に手に入りますが、一昔前には見かけることはありませんでした。沖縄の特産品ですが、べつにこれは沖縄でなければできないものではありませんん。現に私の修行した京都でも作っていましたし、全国の禅の道場では食していると思います。

ゴーヤは非常に生命力が強く成長も早く、食べる分を取って、その残りをほっておいてもその実は熟し、種は地面に落ちます。ツルはそのうち枯れてくるので、それをとりはずせばまた時季がくると出来るのです。はじめに竹の柵さえつくっておけば、後はそのままにしておけばいいのです。

私の聞いた話では、戦争中食べる物が無い時、このゴーヤだけは出来たので、全国の修行道場に拡まったといいます。それが現在まで続いているというのです。

私も初めてこれを食した時、ビックリしたのを覚えています。まさに「太陽にほえろ」の松田優作ではないですが「なんじゃ！　こりゃー」と。京都で作るゴーヤは、沖縄の物ほど大きくなりません。だからかどうかはわかりませんが、密度がこいというか特ににがいのです。

道場では、他の野菜が無い時はこればかり食べていました。うまいまずいではないのです。ただ腹を満たすために。しかしそれが、知らず知らずのうちにクセになってくるのです。そのにが味がないと口さびしく感じるのです。

今も私は、スーパーマーケットに自分で行き、ゴーヤを買ってきて料理をしてしまうのです。調理は簡単です。まず二つに分り、種を取りのぞき（これはスプーンでやるといい）、薄くスライスし水にさらしておきます。その後、水をよく切り油でいため、卵（これは道場では使えません）や豆腐も加え塩や醤油で味つけ、そんなことを楽しみにしているのです。

なんか話があらぬ方向へ進んでしまいましたが、つまりこんな所から人生を考えてしまうのです。人生でいかんともしがたい時、それをさけられない時、その中で楽しんでしまうという気持ちの切り換え、そこに味を越えた風味というか人生の妙味があるのではないかと。

先日、九十六歳で亡くなった男性の葬儀がありました。天寿をまっとうしたなどと漠然と思い会場についてみると、孫までも含めた家族が想像と違い大泣きしているのです。私はその人の一生の価値は、最後に見えるものがあると感じたのです。どんな人の人生にも山はあり谷はあるのです。それを無事に務めあげられた、その評価を家族がしてくれているのです。その涙なのです。

例えお金があっても、それをあの世に持っていくことは出来ません。貧しく苦しくても知人・友人・家族に囲まれていく人は幸福な一生といえると思うのです。お金があっても周りに誰もいてくれなければ、その人の一生は……。

「苦中の楽、楽中の苦」を知る人から、本当の意味の人生の成功者は生まれるのではないか。私はその経験から、そんなことを感じたのです。

脚跟下放大光明《きゃっこんかにだいこうみょうをはなつ》

▼清貧の美

『碧巌録』に出てくる一節ですが、自分をしっかりと持てば、自ずと足元から大光明を放ってくるというのです。

山梨県上野原市秋山に真福寺という寺があります。最近、市町村合併で上野原市になりましたが、以前は南都留郡秋山村といって過疎といっていい地域です。

旧秋山村には四ヶ寺の寺があり、その内二ヶ寺は無住（住職のいない）寺院です。やはりお寺の世界でも地方は、立ち行かなくなり無住化する現象がみられます。

真福寺も無住の廃寺寸前の寺でした。そんな誰もこないような寺に、住職として入られたのが田中禅价和尚です。

明治時代に火災で本堂を失って以来、誰も手がつけられず、荒れ放題でそれはひどいものでした。寺と名はついていても、庫裡《くり》という小屋一つ。

雨漏りは当然のこととして、室内には苔が生えている。野良犬が部屋の中を散歩している。天井にはムササビが寝ている。屋根はあってもキャンプのような生活だったといいます。

そこでまず、そこら辺に捨ててある廃材での補修工事。続いて本堂再建の願《がん》をたてます。和尚自らが警備員のアルバイトをしてその基金をつくり、周りに理解と協力を求めました。その努力の効《かい》あって、ついに本堂を再興させることができたのです。

いよいよ拠点はできました。次は手作り行事です。田舎のおじいちゃん、おばあちゃん、そして幼い子供達、皆が喜び楽しめるもの。祭りのような元気を取り戻すためのもの。それが節分の豆まきとして形となったのです。

檀家さんばかりに依存して負担を掛けないように、高校の社会科教師、教員委員会の社会教育指導員、青少年カウンセラー、地元の遺跡発掘調査の主任なども兼業しました。

文章による布教として「真福寺だより」「真福寺豆知識」なども。これは近隣の新聞の折り込みチラシとしていれました。その数、一万部。それが現在行っている「ハガキ伝道」とつながったのです。

ハガキは、当初二百五十枚だったそうですが、現在千四百枚。これを毎月です。

私の所にも丁重なハガキがとどけられます。本文は印刷、しかし表書きは墨で手書きです。内容も多岐に渡り、教えの強制ではない今起きている事件の和尚流の解釈です。

過疎の寺では、なにをやっても無駄とあきらめ、都会の裕福な寺ではなにもしない。やれるべき努力もしないで、不平不満ばかり並べている。そんな人が多すぎるように感じます。この和尚を見ろといいたいのです。

和尚は、都会に拠点を移そうとは思わない、地方には地方のよさがある。都会にはない癒しの場となるような自然公園のような明るい寺を目指すといいます。

寺は見違えるようになりました。その場その場で真剣にやれば、人間には活路を見い出す能力があると思います。そしてその場こそ白隠禅師のいわれる「当処すなわち蓮華国」です。

人には、さまざまな人生があります。それは、他人にとって変わってもらうことはできません。諸々の岐路にたった時、その人自身が選択し歩んできた道です。

人生での過去は、やり直しはききません。たった一度の貴重な時間です。だからかけがえのない大切なものなのです。

平淡な日常を歩もうとしても、必ずそこに山や谷が表われてきます。風雨にさらされることもあります。人知れずくやし涙にくれるような時もあるでしょう。

そのどれもこれもを人生の糧として消化できた人にだけ、喜びとしてやりがいのある生き方ができるのだと思います。

人は誰でも夢を持ちます。しかしそこに志というものがなければ、それは絶対にかないません。

「たなからボタモチ」はありません。

志を持ちあきらめることなくひたむきに歩んだ末に「いい人生だった」と言えるのだと思います。決して自分自身が歩まねば、たどりつけない道です。

「経営の神様」と呼ばれた松下幸之助さんは、家の事情で尋常小学校四年の時、丁稚奉公に出されました。成人するまでの間に、父母兄姉を亡くし、自分も大病を患い死の恐怖におびえていたといいます。経済的にも肉体的にもどん底だったといいます。

そんな辛酸をなめながらも、夢を持ち続けとうとう「世界の松下」といわれる企業を一代で築き上げたのです。この松下さんの「道」の一節を紹介します。

道をひらくためには、まず歩まねばならぬ。
心を定め、懸命に歩まねばならぬ。
それがたとえ遠い道のように思えても
休まず歩む姿からは必ず新たな道がひらけてくる。

——脚跟下に大光明を放つ——。自分自身に問いかけられる一句です。

人間万事塞翁馬《じんかんばんじさいおうがうま》

▼人生の達観

有名な言葉ですが、禅書では中国元の晦機《かいき》和尚の詩集に出てくる言句です。人間は、「にんげん」というより、世の中、社会を指している言葉なので「じんかん」と読みます。

「塞翁が馬」は『准南子』の人間訓の物語です。「塞」とは北方にある砦のことで、「塞翁」とは、そこに住む老人です。中国の国境に住むこの老人、その向かいには、異民族の胡の国がありました。この塞翁の持ち馬が、胡の国へ逃げ出したというのです。馬は、貴重な財産です。話を聞いた近所の人は、この老人を慰めに行ったといいます。

しかし老人は、あっけらかんと気にとめる様子もなく「このことが、なにか良い事につながらないとも限らない」などとニコニコしています。すると案の定、数ヶ月後どういう訳かその馬が、胡の国から良馬を数頭引きつれて帰って来たのです。

今度は祝いに近所の人が行くと、老人は「この事がなにか禍いを起こすとも限らない」などといいます。

そして今度もまた、馬に乗っていた老人の子供が落馬してしまい股を骨折、足が不自由になってしまうのです。再び近所の人は、老人を慰めに行きます。

すると老人は「いやいや、これが福をよびよせるかもしれない」といったのです。しばらくすると、胡の国が攻めて来ました。近所の若者は皆、戦さにかり出されて行きます。しかし老人の子供は、足が不自由であったため戦いに行かなくてすんだのです。そして親子共ども助かったということです。

世の中は、なにが起こるかわからない。現代社会の中でも、昨日まで安泰だと思われていた一流企業が、一瞬のことで消えていってしまう姿を我々は目にします。まさにこのことは、時代を超えて考えさせられるテーマであろうかと思います。

ただ、この話は偶然起きることは、どうしようもないのだといおうとした話ではありません。不安をあおる話ではないのです。

『准南子』でも「禍の来たるや、人自らこれを生じ、福の来たるや、人自らこれを成す」とあります。全ては、自らが招き入れていることなのだということなのでしょう。

仏教の教えでも「因果応報」といいます。初めに原因があり、そこに縁が加わり、結果を生むということです。

一粒の種が「原因」。光や土や水、空気などが「縁」。そして花が開くという「結果」。縁が良ければ良い結果、悪ければ悪い結果が生まれてきます。

私もよく「宿命」と「運命」は違うという話をします。命がつきてしまうのは「宿命」です。しかし、この生かされている間に起きているさまざまなことは、「運命」。つまりそちらに運んでいる、自分自身が導いている方向での結果が運命なのだと。運命を宿命だといっている人がいかに多いかを思います。

私はどうやらたたきあげといわれる人に肩を持ってしまう傾向があるようで、そういう意味でも楽天の野村克也前監督が大好きです。

六大学のスターから巨人に入った長嶋茂雄さんに対し、野村さんは高校からテスト生としての入団です。

野村さんは自分と長嶋さんを形容し、「ひまわりと月見草」などともいいます。プロとしてのスタートからして全く違うお二人ですが、野村さんは人知れず努力と苦労を重ね、戦後初めての三冠王（ホームラン・打点・打率）ともなるのです。
監督になってからも「野村再生工場」などと呼ばれ、その手腕は誰もが認める所です。

その野村監督がいわれるのが「意識改革」です。つまり考え方が変われば行動が変わるということです。監督の座右の銘を紹介します。

心が変われば態度が変わる
態度が変われば行動が変わる
行動が変われば習慣が変わる
習慣が変われば人格が変わる
人格が変われば運命が変わる
運命が変われば人生が変わる
（ヒンズー教の教え）

「人間万事塞翁が馬」とは、このことなのだと思います。
ちなみに晦機和尚の詩にも「塞翁が馬」の句の後に「推沈軒中《すいちんけんちゅう》雨を聴いて眠る」と記しています。自然に全てを受け入れ、高イビキで寝れるゾ！　というわけです。それまでの境涯（心）を手に入れたいものです。

説似一物即不中《せつじいちもつそくふちゅう》

▼表現は一面しか表せない

禅語は、表面上は漢字文化である日本人には比較的入りやすい。なんとなくでも大方つかめるものだと思います。しかし、この語の内容はわかりずらいかなと思います。「説似一物即不中」は『五灯会元』などに出てくる語ですが、訓読して「説いて一物に似たるも即ち中《あた》らず」とも読めるのですが、そのまま棒読みするのが慣例になっています。

六祖慧能禅師の元へ、南嶽懐譲《えじょう》が入門して来た時、六祖は質問します。「甚麼物《なにもの》か恁麼《いんも》に来たる」（なに者がどのように来たのか？）

懐譲は、言葉につまってしまいます。誰がと聞かれれば「懐譲」と名を答えます。しかし「なに者が」といわれると、その主体をどういうふうに答えればいいのか。この大きな疑問を解くため、ここから決死の修行に八年間の歳月を費やすのです。そして六祖に答えたのが、この「説似一物即不中」です。

説（言句）をつくしても、一物（そのもの）に似ていてもそのものではありません。つまり表現しようにも表現できないということです。

頭で理解できるものもあります。でも苦労し努力の中で体感したという所は、そこへ到った者にしかわからないのです。

「不立文字」（文字で表現できない）「教外別伝」（教えの外に伝えるべきものがある）とは、決して逃げていっている言葉ではありません。心に、言葉はとどかないということです。

昭和の初め、京都相国寺の管長になられた橋本独山という方がおられました。少年期、画家を志し京都に出て富岡鉄斎先生の門に入りました。

ある時、鉄斎門下の画会が東山にある高台寺で開かれたのです。それぞれの作品を陳列し、かわるがわる見学者に画を描いて見せておりました。たまたま独山青年が描いていると、一人の老僧が近づいてきました。そして描いている作品をしばらくジッと見ていましたが、声を掛けてきたのです。

「書生さん、なかなか器用だが一体、何が絵を描しているのかな」

独山青年は答えられませんでした。筆がともいえず、手がともいえず、返事に困ったのです。

周りの者に聞いても答えてくれません。後でその老僧が大徳寺の管長牧宗老師だと知りました。悩んだ独山はその疑問を解くため、禅寺で出家までしてしまったのです。

最近、目をおおいたくなるような非情な犯罪が気になります。

「誰でもいいから殺したかった」

理不尽この上ない。犯罪被害者の家族は裁判に足しげく通います。そして言います。

「なぜ自分の子供が、殺されなければならなかったのか?」

しかし裁判で犯人の言葉を聞いても、到底納得のいくものではありません。偶然、いあわせたからなんて……。

ここに自分の無力を感じます。我々にできることは、その被害者の冥福を祈るだけです。そしてその家族の方々の人生に、今一度の幸せを願うだけです。

よく仏教では区分として、自力（自分の力で救う）とか他力（仏教に救ってもらう）とかいいます。しかし本来の仏教は、そんな了見の狭いものではないと思います。実際、世の中を生きていれば、自分の力でできることと、どうにもならないことにつきあたります。自然災害でもそうです。

自力といわれる禅宗ですが、自力を究めていけば必ずそこに気づくのです。だからこそ、自力といわれる禅宗の中にもお経という祈りがあるのだと思っています。これは矛盾ではないのです。


我々の心には、夢想という機能があります。現実には違っても、一瞬の内に行きたい場所、楽しかった想い出の時代にワープ（瞬間移動）することが可能です。

私は、これを心の遊びというのですが、この機能をうまく活用できれば自暴自棄の犯罪にはならないと信じます。空間、時間をも超えられるのが心なのです。その活かし方を知らないのです。

私たちは、日々の生活に追われ働いていますが、一体誰の意志で働いているのでしょう。多くの場合、自分自身でも判らないうちに働いている方がほとんどではないかと思うのです。

しっかりとその主体を自覚した意志で、自分の人生を歩む。言葉として表現できなくとも、しっかりとそれをつかんで歩むことの大切さを教えているのです。

——説似一物即不中——

表現出来ない所を、表現したヒントの一句とみていただければさいわいです。

参考文献

『茶席の禅語大辞典』（有馬頼底監修、淡交社、二〇〇二年）
『枯木再び花を生ず―禅語に学ぶ生き方』（細川景一著、禅文化研究所、二〇〇〇年）
『白馬芦花に入る―禅語に学ぶ生き方』（細川景一著、柏樹社、一九八七年）
『心にとどく禅のはなし―よりすぐり禅門逸話』（禅文化研究所、二〇〇四年）
『世界人物逸話大事典』（角川書店、一九九六年）
『禅の人生観』（松原泰道著、教育新潮社、一九六七年）
『指導者の条件』（松下幸之助著、ＰＨＰ研究所、一九八九年）
『心に残るとっておきの話』（潮文社、一九九三年〜）
『野村再生工場』（野村克也著、角川書店、二〇〇八年）
『ちょっといい話』（佐藤光浩著、社、二〇〇二年）
『日本史有名人の苦節時代』（新人物往来社、二〇〇九年）
『むもん法話集』（山田無文著、春秋社、一九六三年）

著者略歴

金嶽 宗信（かねたけ そうしん）

昭和36年東京都青梅市生まれ。12歳で京都大徳寺大仙院住職尾関宗園師に就き得度。昭和58年、二松学舎大学文学部卒業。大徳寺僧堂で修行の後、東京・渋谷区広尾の臨済宗大徳寺派香林院住職となり現在に至る。東京臨済会機関誌『法光』前編集長、保護司、教誨師、仏教情報センターテレホン相談員などを務めるほか、NHK 大河ドラマ「功名が辻」「風林火山」などの仏事監修・指導や各種講演活動も行っている。著書に『禅語　ちょっといい話』（芙蓉書房出版、2007年）、『心とからだのサビをとるシンプル禅生活』（永岡書店、2009年）、『禅の心で生きる』（PHP 研究所、2009年）、『寺子屋「般若心経」』（三笠書房、2010年）がある。

禅語《ぜんご》 心《こころ》に響《ひび》くいい話《はなし》

2010年8月28日　第1刷発行

著　者
金嶽《かねたけ》 宗信《そうしん》

発行所
㈱芙蓉書房出版
（代表 平澤公裕）
〒113-0033東京都文京区本郷3-3-13
TEL 03-3813-4466　FAX 03-3813-4615
http://www.fuyoshobo.co.jp

印刷・製本／モリモト印刷

ISBN978-4-8295-0490-1